解散ノート

目次

2019年11月22日〜2020年12月31日　7

「東京ドームで解散です」／「誰も悪くないよ」／「寂しいし、ＢｉＳＨが好きだ」／「１００分の１くらいでしょ」／「歌が下手」「ブス」／「嫉妬」／「スターみたいやな」／「光の方へ行こう」／「芸能人オーラ、ゼロだね」／「解散まで頑張ってください」／「生きろ！」でも「死ぬな！」でもない／「売り切れてなかったよ」／「〝自由〟という重荷」／「次は何をしよう」／「まずは世界を広げてみなよ」／「絶対できると思うから応援する」／「コントを書くか？」／「みんなで」／「全然歌ってないじゃん」

2021年1月1日〜12月31日　51

「世の中の音はどうやって聞こえているんですか」／「誰からも求められていない」／「残響」／「甘すぎる」／「血の通ったものに、人は集まるよ」／「書くべきだ」／「小説の世界」／「ＢｉＳＨをスターにする」／「本当に欲しいものは何だろう」／「濁りながらも、透き通っている」／「人のために」／「愛、愛、愛」／「早く、安心したいね」／「いや、本当に、ごめんな」／「『誰だこいつ』って思われるよね」／「今日ほど幸せなことはなかった」／「解散発表」／「散々眺めた夢の続き」

2022年1月2日〜12月29日

「解散したあと、どうするの？」／「味方だから」／「女性の〝カッコよさ〟」／「帰巣本能」／「声をきかせて　大きな声で」／「過去になんて戻りたくない」／「偽物の安心」／「戦う場所」／「息のしやすい場所」／「強く生きてください」／「みんなのことが全然分からなかった」／「うちら、もう大人だね」／「自分の傷は自分で」／「限りのある声」／「小さな恋のうた」／「全てが移り変わっていっている」／「なくなるものがあるのは当たり前だ」／「どれだけＢｉＳＨでいられるか」／「宝物」／「完璧じゃなくても一つになろう」／「棘の中の優しさ」／「私はこれでいい」／「失うものなどもう何もない」／「ただ、前に進みたい」／「生まれ変わってまたやり直す必要がないように」／「ここで死ねなきゃどこで死ぬんだよ」／「別に、バイトとかでもいいよね」／「強くなったよね」／「もう、誰にも迷惑かけたくない」／「なんだかすごくアイドルみたいだ」／「少し声が出やすくなった」／「コロナ禍での支援ありがとう」／「誰も置き去りにしない」／「どの瞬間に勝負をかければいいのか」／「足跡」／「だから、一緒に生きよう」／「助けてもらおうと思うな」／「『死にたい』とかそんな抽象的なことじゃなくて」／「固い結び目の解き方」／「今、ここにないもの」／「踏ん張っていくしかないね」／「そのまま抱きしめていてください」／「もっともっと周りに感謝しなくちゃいけないな」／「心臓を抉って分けてくれているような気がする」／「私たちを知らない人へ」／「ステージがなかったら本来の自分に戻れるのに」／「グループの輪」／「自分らしく生きたい」／「〝普通〟に怯えながら〝普通〟に憧れていた」／「〝ファン〟という人」／「解散やめない？」／「その人らしく笑える場所」／「サイレントコント」／「殺し合い消える前に」／「第2期BiSH」／「また絶対来ますね」／「凍らない街」／「歓声と静寂」／「懐かしい匂い」

2023年1月10日〜6月29日 195

「残り半年」／「涙が花びらに」／「あと少しだから頑張って」／「絆は縛りつけるものでもある」／「そんなモモコが東京ドームに立つんだもんな」／「生きたい」／「桜が散る前に」／「逃げたくて仕方ないとき」／「もう東京ドームは始まってる」／「凱旋」／「花束」／「温かな血」／「一人になるってこんな感じか」／「残り10日」／「永遠の7日間」／「現実」／「for Never」

夢から醒めたあとで 234

題字・写真　モモコグミカンパニー
カバー絵　岡村芳樹
装丁　大久保明子

2019年11月22日～

2020年12月31日

「東京ドームで解散です」

2019年11月22日

　雨がしとしと降っている。冬の始まりを存分に味わわせてくれるような、寒い、寒い日。私は事務所のビルの前にいる。今日は、何も知らされずに、ＢｉＳＨメンバー全員が事務所に集められたのだ。何を言われるんだろう。見当もつかずにビクビクしながら4階の一室に入った。大きなテーブルが一つ。その周りに並べられた椅子たち。部屋にはすでに、私たちの事務所ＷＡＣＫ代表の渡辺淳之介さん、ａｖｅｘチームの人たち、マネージャーが揃っていた。アイナ・ジ・エンド、セントチヒロ・チッチ、ハシヤスメ・アツコ、リンリン、アユニ・Ｄ、そして私、モモコグミカンパニー。ＢｉＳＨの6人もそれに加わり、一つのテーブルを囲んだ。

　渡辺さんが言った。

「東京ドームで解散。今は右肩上がりで人気のあるＢｉＳＨだけど、こんな状況もいつまで続くか分からないでしょ。だらだらと続けるよりも、ＢｉＳＨは2、3年後に解散か、活動休止の発表をするのがいいんじゃないかと思う。みんなはどう思う？」

「解散」という言葉に、一瞬頭が真っ白になった。真っ白になったあと、こう思った。

「よかった」と。

そしてそのあと、心臓がバクバクと音を立てて鳴った。夢じゃないかと思って頰をつねりたくなった。でも、つねるのはやめた。周りを見渡しても、頰をつねっているメンバーは誰一人いなかった。メンバーの顔が見たくなった。私の席から見えるチッチは泣いていた。アユニの目も潤んでいた。ハシヤスメとリンリンはそれほど動じていないように見えた。隣にいるアイナの顔はなんだか覗き込めなかった。そして、恐らく誰も青天の霹靂《へきれき》のようには驚いていなかった。誰も「解散なんてしたくない」とは言わなかった。誰も反論しなかった。みんなどこかで分かっていたことだったからかもしれない。〝楽器を持たないパンクバンド〟ＢiＳＨがいつまで続くのか。今は上り調子だけど、この先一体どうなるか。そんな不安を、一人ひとりが同じように抱えていたからだろう。私自身が最初に感じた「よかった」という気持ちは、その終わりの見えない不安から解放されたから出てきたのかもしれない。

渡辺さんはみんなと納得した形で私たちを終わらせたがっていた。鼻をすする音もかすかに響き、誰も周りの顔を見られないまま俯《うつむ》いていると、ハシヤスメが言った。

「お客さんの立場に立ってみたら、『東京ドームで解散』は、ＢiＳＨが最後までワクワクさせてくれたなと思ってくれると思う」

一気に部屋の空気が軽くなる。きっと、彼女もその感情だけではなかっただろう。だけど、ここまでで一番ポジティブな意見だった。

「BiSHは最後までBiSHだったな」

そう思われたい。それが私たち全員の共通の気持ちなのかもしれないと思った。

「メンバー個人がこの先やりたいこと」、「BiSHがなくなってから」の話になる。

みんなはどんな顔をしているのだろうと思ってまた周りを見渡すと、急にメンバーが全然知らない人のように見えた。この子たちは私のことをこれっぽっちも知らないし、私も彼女たちのことを何も知らない。そんな気がした。そうだ、私たちはもともとバラバラの人生を歩んできた者同士。そのまま進んでいれば、交わることなどきっとなかった。いったんBiSHを取ってしまえば、驚くほど距離があるのだろう。

今のこの部屋の空気は異様だった。少し前に〝解散〟という言葉を告げられたとは思えないほど、不思議と清々《すがすが》しいとも言える空気が漂っていた。

終わりがある、ということがはっきりと告げられ、なぜだか、これまでBiSHで過ごす毎日がこんなにも愛おしく感じていた理由が分かった気がした。みんな心のどこかで分かっていたこと、それがはっきりと言葉にされた。

話し合いが終わり、何も考えられずふわふわとしたまま、事務所の階段を下りて外に出た。今まで鬱陶しいとすら思っていたこの道玄坂の景色が夢みたいに感じた。降り続く雨と風に吹かれながら、きっと、これがバンドとアイドルを行き来している私たちの宿命なんだと妙に納得する自分もいた。

どこまでも続きそうなパンク精神とアイドルの儚《はかな》さはどちらも切り離せない。この宿命には、恐らくみんな気づいていていたはずだ。

これまでも、ＢｉＳＨとして生きる自分の人生を夢のようだなと感じることがあった。何一つできないままＢｉＳＨに加入した私がもう5年目を迎えている。ステージに立っている。お客さんが特典会で自分の前に並んでくれたりする。ファンレターももらう。だけど結局今になっても、そんな一つ一つが当たり前のことだなんて思えなかった。ＢｉＳＨはどんどん大きくなっていった。しかし自分は、渋谷の小さな事務所で初めてメンバーと顔を合わせたときや、一人だけツイッターのフォロワー4444人達成に失敗して素顔解禁ができず家で一人泣きじゃくったあの日となんら変わっていないような気もしている。だから、まだ夢みたいだと思ってしまうのかもしれない。

ＢｉＳＨがなくなったらどうやって生きていこうか。今までも考えたことはあったが、改めて突き付けられた。気づけば頭の中でグルグルと自問自答が始まっていた。ＢｉＳＨに入る前の、居心地がよく生ぬるい日々にまた戻っていくのだろうか。そう考えると足がすくむような気持ちになった。だけど本当に、ＢｉＳＨを取った自分には〝何もない〟のだろうか。

思えば、何もできなかった自分をいつだって、「君にもできる！」と励まし続けてくれていたのはＢｉＳＨ自体だったと思う。ＢｉＳＨに入って、教わってきたもの、得たものは大きい。ＢｉＳＨ加入前の自分から何もかも変わってないわけではないだろう。そう思うと、ほんの少しだけ勇気が湧いた。
〝解散〟まで、「B・i S Hに一体何ができるのか」そして、「自分には一体何があるんだろうか」、この2つの問題とずっと向き合っていくことになるのだろう。

「誰も悪くないよ」

11月23日
「NEW HATEFUL KiND TOUR」石川 本多の森ホール

あの事務所での話し合いの翌日、メンバー全員の頭の中に〝解散〟という文字が新しく刻み込まれてから初めて迎えるライブだった。楽屋のみんなの様子は普段とそう変わらないように見えた。ただ、ここ最近なんとなく私たちの間に漂っていたピリッとした空気感が、少しだけ薄れているように感じる。みんなの表情もいつもよりも柔らかくなっている気がした。衣装に着替え、ライブ前にファンの人と握手をしたりチェキを撮る。ツアーで何カ所も回っていると、毎回足を運んでくれるファンの人や顔見知りも増えていく。特典会には、いつもアットホームな雰囲気が流れている。これまで通り笑顔で特典会に参加してくれているファンの人たちを見て、「ああ、この人たちの頭の中にはまだ〝解散〟の文字がないんだな」と思った。

特典会が終わり、昼食をとってリハーサルに臨む。モニターチェックが『KiND PEOPLE』『リズム』と続く。昨日の話し合いなんてなかったみたいに、私も含めみんなが淡々といつも通りのツアー当日の流れをこなしている。順調に進んでいる、はずだった。『オーケストラ』のモニターチェックの冒頭、チッチが途中で声を詰まらせて、そのまま袖からいなくなってしまった。どうやら、涙ぐんで歌えなくなってしまったようだ。チッチはメンバーの中でも一番くらい涙もろい子だけど、モニターチェックで泣いてしまったのは初めてだった。みんな理由も分からず、ザワッとし始める。だけど時間も限られているから、リハーサルは中断することなく5人で進んでいく。どうしてチッチが泣いているのか、そのときの私には分からなかった。

あとでアイナが言った。

「チッチが泣いていたのは、昨日、誰も『解散やめよう』って言わなかったから」

それを聞いて、私は咄嗟《とっさ》にこう返していた。

「そんなこと言われても、困るよ。それぞれ違う考え方があるわけだし」

ドライでトゲのある言葉が出たことに、自分でも驚いた。でも、これがそのときの私のしっかりと熱をもった本心だった。握ったこぶしが少し震えていた。

「うん、誰も悪くないよ」

アイナが私に対して宥《なだ》めるように言ったこの言葉に、なんだか私も泣きだしそうになってしまった。チッチはインタビューなどでよくBiSHについて「おばあちゃんになっても」だったり、「ライブのあと、今日は旦那さんと子供が見に来てるんだって言いたい」だったり、グループをいつまでも続けたいんだろうな、と思えることを話していた。やっぱり同じグループにいても、未来のビジョンだったり、〝解散〟の捉え方はそれぞれ違う。人間なんだ。終わりを宣告された今も分かり合えない部分は沢山ある。そのことをしみじみと感じて悔しくなる。でもそれが美しくてやっぱりBiSHらしいなと思ってしまう。そう、アイナが言うように、本当に、誰も悪くない。私たちは誰もお互いを責めることなんてできない。唯一責めることができるとしたら、今まで過ぎ去ってきた時間くらいだろう。私たちは、またこれからも〝終わり〟に向かって、これまでのように言葉もなく語り合い、武器もなくぶつかり合っていくのかもしれないと思った。それは、私にとって恐怖でもあり、まだ私たちは終わっていないという希望でもあった。

「寂しいし、BiSHが好きだ」

11月26日

今日はBiSHのメンバーだけで話し合いをする日だ。有楽町のあるカフェに集合することになっている。渡辺さんからあの日、メンバーだけでも話し合えと言われたし、私たちもそうした方がいいと思ったからだ。つまり、解散について、賛成か反対かを含めての話し合いだろう。みんなで集まる前に少し考えた。渡辺さんから告げられた「解散」について、もし誰かが「反対だ」と言うことは果たして正解なのだろうか。分からなかった。BiSHは私たちのものであり、渡辺さんの作ったものだからだ。

カフェでのメンバー会議が始まった。まずは、解散についてどう思うか、一人ひとり話していこうということになった。アユニから話し始め、私は5番目に話した。この場所に来る前に自分の意見をまとめておいたし、もっと冷静に話せると思っていた。それなのに、いざみんなの前で口を開くと、私は用意していたのとは別の言葉を発していた。

「寂しいし、BiSHが好きだ」

私は、そう言っていた。自分でも予期していなかったこの言葉を口から出した途端、自分の目が潤んでいき、涙声になっていく。

BiSHの一員として生きてきた中で、生きづらかったり、傷つくこともあった。だから、いつも自分を守ることばかりで精一杯だった。BiSHがなくなりさえすれば、もっと楽に生きられる。心のどこかでそんなことも思っていた。でも、私は「BiSHが好き」なんだ。

なんだか悔しくて、嬉しかった。

6人が一人ひとり話し終わった。それぞれ表現は違えど、結局のところ解散に絶対的に反対は一人もいなかった。

話題は、BiSHを終えたあと、どう生きていくかという話になる。

みんなが自分の中にあるビジョンについて話し始める。私はみんなの話を聞いて、カッコいい、と思った。カッコつけてる、とも思った。

途中から、「不安」「どうしたらいいかなんて分からない」という言葉も飛び交い始める。私はそれを聞いて、なんだ、みんな不安なのは一緒なんだと安心する。しかし、BiSH

という枠組みが取り払われたあと、私たちは周りを見て安心する余裕なんてなくなるだろう。私たちは独立した一人ひとりの集まりだ。誰と比べることも、依存することもできない。

それから話題は、この前大人たちに注意された、最近のBiSHの態度の悪さについてに移る。

「もっと大きい声で挨拶しよう」「当たり前のように遅刻しない」「インタビュー中、もっとこうしよう」。

「えっ、なに？　私が悪いの？」

「そういうこと言ってるわけじゃないじゃん」

だんだん空気が悪くなる。

私も含め、みんな自分のことが大切で、守ることに必死だ。

そんな中、アユニが少し違うトーンで話し始める。

「私、よく感情的になっちゃったりとか、衣装忘れたこととかあるのに、そのたびに助けてもらった。みんなにありがとうって言えてなかったかもしれない。ありがとう」

空気が変わる。自分のことを棚に上げず、一番身近で仕事をしているメンバーに対して感謝の言葉が言えている。末っ子だったアユニは私が思うよりずっと大人になっていた。カッコよかった。自分が恥ずかしいと思った。

12月9日

4日ぶりに自宅に帰った。3日間札幌で仕事があり、今朝早い便の飛行機で帰ってきたのだ。そして、荷物だけ家に置いて、これからテレビ東京で『プレミアMelodiX!』年末特番の収録だ。単純に疲れていた。

大人たちは、東京ドームまで一つ一つの仕事を全部ラストチャンスだと思って頑張れ、そう言っている。確かに、そうだ。分かっていても、自分は付いていけてない。

東京ドームのことなんてまだちゃんと考えられないし、今日と明日のことで頭が一杯だ。スケジュールに身体が付いてこられず、投げ出したくなった。

12月10日

今日もテレビの仕事だ。内容は、『FNS歌謡祭』のリハーサル。

テレビ局に足を運ぶ。そう思うだけで、涙が出そうになった。

私はテレビの仕事、特に音楽番組であまりいい思い出がない。

テレビの仕事があるのは、世間に知ってもらえるいいチャンスだし、ありがたいことだ。だけど私は、番組のスタジオでいつも自分が透明人間になったような気分になる。ライブと違って、目の前にお客さんがいるわけでもなく、そこではカメラに映ったものが全てだ。それに、テレビで歌う曲の私のパートは2番の歌割が多いため、テレビサイズではカットされることが少なくない。歌わない、映らない。それでもマイクだけは持つ。そのマイクには音が入らないようになっていることもある。リハ前に声出しをしているメンバーを横目に、音を拾わないマイクを持ちながら、私は何をしたらいいのか分からない。仕方のないことだと思ってはいるけど、やっぱり毎回虚しくなった。

局の廊下で、すれ違う仕事関係の人に挨拶するが、自分が仕事をできているのか分からなくて、挨拶する資格すらないかもなんてことも考える。

自分はやっぱり子供だなと思う。そんな自分がまた、嫌になる。

仕事が終わって、家に帰るとアイナから「大丈夫?」とLINEが来ていた。

周囲に伝わってしまうくらいの態度で仕事してしまったのかという自己嫌悪と共に、単純に嬉しかった。今日一日、ずっと透明人間だったと思っていたけど、メッセージを見てはじめて自分も姿かたちある人間なんだと思えることができた。ありがとう。

「100分の1くらいでしょ」

12月22日

今日は父親と久しぶりに会い、一緒に喫茶店に行く予定になっていた。店に着き、コーヒーを飲みながら色んな話をする中、自然とBiSHの話題になっていく。私は、さりげなく聞いてみる。

「もし、BiSHがなくなって、私が一人になったら、どのくらいの人が付いていてくれると思う？　一人になったらどのくらいの力があると思う？」

両親には、解散のことは黙っていた。変に心配もかけたくないし、誰かに話されてしまうリスクもある。

「100分の1くらいでしょ」

父はそう答えた。

BiSHのことをいつも褒めてくれて、活動も応援してくれている父からさらっとこんな残酷な言葉が出てきたことに私はびっくりして、血の気が引いていくと同時に、吹き出しそうになった。

BiSHは売れてるかもしれないけどお前はちっぽけだ。そう言われた気がした。だけど、自分でもそんなことは分かっていた。

分かっていたはずなのに、私は少なからずショックを受けていた。BiSHが上手くいってても、調子に乗らないようにと心掛けていたのに。

BiSHの中にいて、毎日のようにいい風を受けていると、やっぱりグループと私を切り離して自分単体のことを上手く客観視できていなかったようだ。私に限らず、グループにいながら自分を客観視することはみんな難しいのかもしれない。

モモコグミカンパニーには一体何があるのだろう。

明日は、渡辺さんとメンバー一人ひとりの個人面談の日だ。この日までにそれぞれ考えをまとめてきてほしいということだった。だけど正直、まだ私の考えはまとまっていなかった。〝私は今後、これでいきます〟と言えるものは見つからなかった。

芸能界に残るのか、ＷＡＣＫに残るのか、そんなことだって定かではない。

未来は誰にも分からないし、確実なものもない。自分の考えですら数日後には変わってしまうかもしれないのに、結論なんて今出せるものか、というのが私の正直な気持ちだった。しかし、生きていくためには自分の足で立ち、進んでいく道を決めて、歩いていくしかない。

12月23日
個人面談で、ＢｉＳＨがなくなったあと何がしたいかという話になった。

「正直、ＢｉＳＨをとったあとの自分に何が残るのか……。ＢｉＳＨがなくなったあとも自分に芸能界に残るような需要があるのか分からなくて。だから、『何がしたい』以前に、そこから定まっていなくて」

私がそう言うと、渡辺さんからは意外な言葉が返ってきた。

「お前は変わってるね。ＢｉＳＨにかろうじて自分がいる、じゃなくて、自分がいるからＢｉＳＨなんだって、少しは思ってみてもいいんじゃないか」

その言葉を聞いて、目の前の景色が１８０度変わる気がした。

私も今のＢｉＳＨを構成する要素の重要な一つ。だから、グループがなくなっても何も残らないわけではない。きっとそういうことを言ってくれたのだと解釈した。

今まで、私はBiSHという枠組みの中に辛うじてできた隙間に身体をねじ込んで、そこからはみ出ないようにしているような、窮屈な考えを持っていた。

だけど、そんな枠は思い込みが作っていただけだったのだ。

実際、私はBiSHを構成するほんの一部にしかすぎないだろう。だけど、ちゃんと一部だ。そこから何かを描いていくことだってできるような気持ちになった。

2020年1月27日
「bishhatensaishuudandearu」
BiSHが始まった当初、渡辺さんからこんなGoogleカレンダーのパスワードが送られてきたことがある。渡辺さんが適当に決めた何の意味もないパスワードかもしれない。でも私はこのパスワードが送られてきたとき、とても嬉しかった。渡辺さんは、私たちをただ単に使おうとしているわけではないんだなと思ったからだ。私たちと同じ目線で一緒に歩こうと思ってくれているんだな。今は別に天才だと思っていなくても、もしくは天才になれる、と思ってくれているんだな。渡辺さんに、大人に、信頼されているということが感じられて、私はとにかく嬉しかった。そうなりたいと思ったんだ。

「歌が下手」「ブス」

4月21日

嫌な気持ちのする言葉を吐いてくる人がいる。例えば、B・i・S・Hはよく昔から「ブス」と言われたり、「歌が下手」と言われたりした。でもライブに来た人なら分かるかもしれないが、ライブでは「上手い」「下手」「かわいい」「ブス」があまり関係ない。そこじゃない。だから、「ブス」と言われても嫌な気持ちはするが別に悔しくはないのだ。

目に見えるものなんて、どんどん変えられるし、お金をかけたりすればある程度はみんなが手に入れられるだろう。しかし、空気や熱量なんかは、お金があれば生まれるわけではない。生きている、情熱を傾けてくれている人間がいるから生まれるものだ。逆に、B・i・S・Hのファンと名乗る人物がB・i・S・Hを説明するとき、「かわいいから」と言っていても私は別にそこまで嬉しくない。それだったら、「ブスだけど、なんか好きなんだよね」と言われた方が、嬉しい気がする。「ブスなのになんで?」「言葉では説明できないんだ、ライブ行ってみなよ」。こんな風に言われたとしたら、たとえ始まりが「ブス」という嫌なワードだったとしてもこちらとしてはありがたい。パッと見だけでは魅力が伝わらない……方が面白い。

6月5日

夜、渡辺さんから電話があった。私が始めた2作目のエッセイのクラウドファンディングについての話で、「どこか一部分が切り取られてすぐ炎上したりするから、色んな人が見てるということを考えて、記事を書いていって」という忠告だった。

コロナ禍に入り、最近SNSでもろくに好きなことが呟けなくなっている。すぐに揚げ足を取られて炎上のネタにされたりする。そんな事件が多くて、みんなが過敏になってている。確かに、沢山の人のことを考えるのは大事だ。だけど、私はその忠告を素直に受け入れられなかった。過敏になり過ぎて、自分の言いたいことを言えないというのは違う気がする。なんのために、私はモモコグミカンパニーとして、見られる立場で仕事をしているのだろう、とすら思う。全員に受け入れられるような、優しくてトゲのない言葉は、誰にでも受け入れられる代わりに、誰にも深く刺さらない。丸くなり過ぎたら、私じゃなくてもいいんじゃないか、と思うのだ。万人受けする笑顔が上手く作れる女の子になりたいわけじゃない。生きる意味を探してこの業界に行きついたわけだから。受け入れられることばかり考えていたら、安心して息もできなくなりそうだ。そうなったら、そのときはモモコグミカンパニーを安楽死させてあげたい。

BiSの『IDOL』という曲で、「上へ行くほど感動冷ます」という歌詞があったけど、大きくなったり上の立場になるほど言いたいことが言えない、感動冷ます、そんなの悔しい。私は別に、いい人と思われたいわけでもない。そんな窮屈な世界になんていいたくない。

「嫉妬」

6月14日

グループ内で、色んな女の子がいて、それぞれが様々な評価をもらっている。

一人ひとり全然違うのに、同じグループにいるだけで比べられている。競っているようにも思う。それで、自分が置いてきぼりになってしまったように感じることもある。その反面、活動していて、「モモコグミカンパニーっていいよね」と言われたときより、「B・iSHっていいよね」と言われたときの方が嬉しい。

なぜかというと、自分が所属しているものや周りのものは、自分以上に自分を表している気がするからだ。

嫉妬という感情について考えてみる。狭い世界で見ると、自分も同じような活動をしているのにどうしてあの子だけ、なんて思ってしまうこともある。自分中心に考えてしまっているときだ。でも私たちは「たまたま」同じグループにひと括《くく》りになっているだけなのだ。少し視野を広げて、外からB・iSHを見てみたらどうだろう。他のメンバーの強さは、「B・iSHのモモコグミカンパニーです」と言っている限り、自分の強さにもなる。本当は、嫉妬なんかする時間があったら、もっとその子の上手くいっている理由を考えて吸収すればいい。もっともっと自分のことのように称賛するべきなんだと思う。

「スターみたいやな」

6月30日

今日は3・5枚目のアルバムの新曲『LETTERS』のMV撮影だった。

撮影があったのは渋谷のビルの屋上。当初は晴れた屋上でみんなで撮るはずだった肝心のラストサビのシーンを撮る時間になると、突然の大雨が降ってきた。SNSで「びしょ濡れ」というワードがトレンド入りするくらいの雨が、大きな音を立てて降ってきていた。

そんな状況でも、監督の意向で雨の中で踊っているシーンを撮影しようということになった。撮影は続き、せっかくセットしてもらった髪の毛も新しい衣装もグシャグシャになっていく。雨も一層ひどくなっていく。

夜中から続いている撮影の疲れもあって、みんなが少しずつしんどい気持ちを持ち始めているのを感じた。現場がピリピリし始める。カットが掛かるたびに、一人に一つずつ、スタッフさんが傘を持ってきてくれる。そんな中、チッチが傘を渡そうとするスタッフさんに「大丈夫です」と言って、カットの合間も傘をささずに雨に打たれながら過ごしていた。私は、そんなことしないで素直に傘に入ればいいのになんて思っていた。どうせ撮影が始まったらまたずぶ濡れになるんだし……。そのとき、アイナが屈託のない表情で言った。

「チッチ、傘ささないで待ってて、スターみたいやな」

その表現に嫌味がなくて、的確で、その近くにいた、アイナ、モモコ、チッチの三角形で笑った。チッチは「だって、傘さすの、なんかめんどくさいじゃん」と言って笑っていた。なんだか変に張りつめていた空気が柔らかくなった。周りに目を配ると、みんな同じようにグシャグシャだった。アユニの絶対に崩れないことで有名な前髪ですらパックリと割れてしまっている。リンリンが「自分の髪が額に貼り付いて、カッパみたいで嫌だ」と言ったので、私は「いつも私のことカッパって言ってる罰だ」と言った。すると、みんなが思い出したように私のことをカッパだと言い始めた。気がついたら6人揃って笑顔になっていた。これなら、雨でも万々歳じゃないかと思った。

「光の方へ行こう」

7月2日

3・5枚目のアルバムに収録される、チッチが作詞した曲『I'm waiting for my dawn』の「光の方へ行こう」という歌詞がシンプルでとてもいい言葉だと思った。

コロナ禍でライブも以前のようにできなくなった今、この言葉が新しいアルバムにあることは希望だと思った。みんなで行こう、一緒に行こう、そうやって手を差し伸べてくれた気がした。

一人の方が面倒もなく、楽なことも多いかもしれない。でも、コロナ禍の自宅待機で一人になることが多くなった今、グループであることに救われている。

「芸能人オーラ、ゼロだね」

7月4日

「芸能人オーラ、ゼロだね」

誰かにそう言われたとき、少しムカッとした。

でも、どうしてこの言葉にムカッとしたのだろう。自分の胸に手を当てて考えた。私は芸能人になりたかったのか、〝芸能人オーラ〟を出せなくて悔しいのだろうか。違う。キラキラしたいわゆる芸能人になりたくてこの仕事を選んだわけじゃない。そんな他人からの〝キラキラ〟のために頑張っているわけではない。

じゃあ、なぜ。

「芸能人オーラ、ゼロだね」と言ってきたその人の頭の中に、「表に出る仕事＝芸能人オーラ」、「一般人∧芸能人」という式を見たからかもしれない。

私は芸能人になって一般人の上に立ちたいわけではないし、そもそも一般人より芸能人の方が上だとは微塵《みじん》も思わない。

「観客∧ステージ上の人」というわけでもないだろう。

そもそも、同じ人間で、ただ選んだステージが違うだけなのに、なぜ「一般人」「芸能人」などと全く別の人類のような区切り方をするのだろう。

解散が決まってから、とにかく結果を出さないと、と以前よりもプレッシャーを感じるようになった。時間は限られているから、ここでしくじってはいけない、このチャンスを絶対にモノにしなくてはいけない。今やっている活動に新しく興味を持ってくれる人を増やしたい。そんな思いについていけるほどの実力が自分になくて、それでまた自分を責める。眠れない日も増えた。空回ってしまっている気がする。こんな感じで解散まで乗り切っていけるのか不安になる。

でも、前向きに考えられることも増えた。いつかやれたら良いことは、今グループがあるうちにどんどん挑戦していこう。そんな姿勢を見てもらいたいと思った。これからの自分の活動との向き合い方の答え合わせは、「解散」を世間と共有したとき。私たちのことを惜しんでくれる人ができるだけ沢山いますように。モモコグミカンパニーに想いを馳せてくれる人がいますように。

7月7日

今日は『しゃべくり007』の収録だった。

この番組にBiSHとしてゲストに呼ばれることは夢だった。

事前のアンケートをもとに、ハシヤスメを中心にして話を進めていくような内容だった。収録は私としては不完全燃焼に終わった。もっとできたのにと思った。

今までBiSHをちゃんと知ってくれている人ばかりを相手にしていたことのツケが

回ってきたように思う。モモコグミカンパニーはただ「ハイ、ハイ」と返事をするだけのいい子に見えただろうし、ＢｉＳＨはただのギスギスしたグループに思われたかもしれない。もっと分かりやすく、これでもかというくらいアピールできればよかった。みんなが好きになってくれているＢｉＳＨを見せたかった。悔しい。

怯《ひる》んでしまったのが原因だったかもしれない。前日も緊張でよく寝られなくて、頭も回らなかった。でもこんなことは言い訳でしかない。もっと隙間を探して、いい立ち回り方ができたはずなのにな。

「解散まで頑張ってください」

11月11日

今年の紅白歌合戦に〝落選〟という報告があった。

「解散まで頑張ってください」

ａｖｅｘのスタッフさんから来たＬＩＮＥにはそう書いてあった。

それを見て、「冗談じゃない」と反射的に思った。

自分でも上手く噛み砕くことのできない、よく分からない感情だった。「解散」と「紅白落選」を同じもののように並べられていると感じたからだろうか。確かに紅白に出場するという目標は、人前でも宣言したことがある。その紅白に私たちは出られない。それは悲しいことかもしれない。実際、少し期待を持っていたからこそ、残念だとも感じた。誰かの期待を裏切ることかもしれない。紅白に出ることは、今まで応援してくれた人から祝福される、ある意味ゴールだったかもしれない。しかし、伝統あるテレビ番組だって、誰かが用意してくれた土俵に乗っかるのと意味合いは変わらない。解散は、そんな誰かのためのゴールじゃない。色んな人の人生を変えてしまうかもしれない、もっと違う意味を持ったものなんだと思う。

「生きろ！」でも「死ぬな！」でもない

11月21日

色んなバンドが、グループが、今日も何かを聴衆に向かって一生懸命に叫んでいる。たいていの音楽はメッセージを伝えるためにあるのではないかと私は思う。ロックバンドは特に。彼らは音楽という媒体を使って、必死に何かを叫んでいる。

来年1月配信の全曲ライブ収録に向けて各曲をおさらいしている中でふと、BiSHにとってその〝何か〟はなんだろうと考えた。気づけば本当に沢山の曲がBiSHの曲として生まれていた。一見、BiSHの曲たちには一貫したメッセージのようなものはないような気がした。アイドルっぽいのもあれば、ヘビーな曲もあり、下ネタの歌詞だってある。

しかしセカンドアルバムの収録曲『ALL YOU NEED IS LOVE』というタイトルを見て、なんだこういうことか、と腑に落ちた。BiSHの〝何か〟はとてもシンプルだった。私たちがずっと叫んでいたのは、「ALL YOU NEED IS LOVE」。「生きろ！」でも、「死ぬな！」でもなく、それはシンプルに「愛」なのかもしれない。下ネタだって、それで誰かと一緒に笑いあえればそれは愛だろう。

愛。私たちは、時にそれを求め、そのことで落胆したり、満たされたり、争いあったりする。きっと愛に決まった形はないのだろう。

振り返ると、活動する上でたとえどんなに険悪なときでも、ＢｉＳＨの曲だけは私たちＢｉＳＨの味方をしてくれていたような気がする。私たちはその愛に溢れた楽曲たちに守られながらステージの上で愛を叫び続けることができているのかもしれない。

「売り切れてなかったよ」

11月25日

２０２１年配信ライブの箸休めとなる、インサート映像の撮影があった。

メンバー個々が渡辺さんと一対一で15分ほど、台本なしで対話する企画だ。渡辺さんが撮影スタジオにやってきて、メンバー一人ひとりと会話し始める。まずはチッチ、そしてアイナ、続いて私の順だった。前の2人の会話中に、渡辺さんがさらっと意外なことを言った。

「いや、でも不思議だよね。ＢｉＳＨのワンマンって、ほぼ売り切れてなかったんだよ」

今となっては大成功だったと言われているような日比谷公園大音楽堂での単独ライブ（16年10月）も、幕張メッセでの単独ライブ（18年12月）も満員になっていなかったというのだ。それを聞いた私たちは少し驚いてしまった。その日のライブの達成感や後日談で、なんとなく満員だったような気になっていたからだ。だが実は、BiSHのワンマンは、埋まっていた会場より埋まっていなかった会場の方が多かったという。

「今の第3期BiSとかは、ちゃんと売り切れてるんだけどなあ」

ボソッと言った渡辺さんのこの言葉を聞いて、少し面白いと思って考えた。

BiSHはチケットを売り切れにできなかったのに、そのくせどうして右肩上がりに会場を大きくしていけたのだろう。その理由の一つには、背伸びをしたいというカッコつけ精神があったのかもしれない。埋まっていないという事実を抱えながらも、埋まっている風に見せること。簡単に言えば〝見栄のプロモーション〟だったのかもしれない。もちろん、私たち演者はその辺の事情を細かく説明される機会も少ないので、私から言えることはあまりない。だからここからは推測でしかないが、こんな風に考えた。

お客さんはライブのチケットをなぜ買うのか。それは、少し先の未来の時間に期待しているからではないだろうか。自分が楽しめたり意味のある時間になりそうなもの。未来に投資するときは、そんな保証のようなものがあると感じるときなんだろうと思う。当時のBiSHには、知名度の低さなどもあって、そうした期待感が少なかったのかもしれない。では、BiSHが世間的にあまり期待されていなかったとして、なぜどんどん会場を広げていけたのか。それは、ライブが終わった後の観客の反応を見て「行けばよかったな」と思ってくれた人が多かった、その反響が次に繋がったのではないだろうか。だから、期待されていなかったとしても、その会場は埋まっていなかったとしても、そこを二度とない、かけがえのない最高な空間にしていれば、きっとそれでよかったのだろう。埋まるとか、埋まらないとか、そんなことばかりに囚われず、とにかく目の前のライブというものを大切にしてきたからお客さんが来てくれたのかもしれないと思った。

「〝自由〟という重荷」

12月3日

今日はWACKの全員が参加する、ファンクラブ会報誌の撮影があった。これが3度目の会報誌撮影で、現場には前回と前々回の会報誌が並べられていた。1回目、2回目、3回目、B.iSHのメンバーには変わりがないが、他のグループのメンバーは毎回誰かがいなくなったり、誰かが入ってきたりと、顔ぶれがどんどん変わっている。シビアな世界だな、とつくづく思った。

そして、今日はアイナが本格的にソロ活動を開始するという発表がある日だった。発表の20時は撮影時間と被っていて、このときにB.iSHメンバーと同じ空間にいられてよかったな、と思った。お互いがっつり話すことはなくても、メンバーそれぞれが何かしらの思いを感じているはずだ。「ソロで羽ばたいていてすごいな」だったり、「同じメンバーとしてよかったな」という感情もあれば、同じグループならではの焦りの感情もみんな少なからず抱いているのではないだろうか。

誰かのソロの稼働があれば、必然的にグループ全員揃っての稼働は少なくなる。自分の居場所や仕事は自分自身で見つけていかなければいけない。誰かが声をかけてくれるかもしれないし、自ら作り出さないといけないかもしれない。BiSHは「あれをやれ」「これをやれ」とあまり言われず、自由に表現してきたグループだ。その自由が好きで居心地がよかった。目の前のことを好き勝手にガムシャラにやってきた。が、たまにそんな自由が少し重荷に思えた。なんでもできる。でも何をしよう。メンバーのソロ活動スタートが発表されたことで、今までうっすらと感じていた焦りが色濃くなっていく。

それでも、そんな状況は関係なく、「おめでとう」は自分の口から言いたかった。言わないといけないと思った。私が今まで大きな難なく生きてこられたのは、メンバー全員と持ちつ持たれつの関係があったからだ。周りは、自分以上に自分を表しているといっても過言ではない。近いからこそ、一番に、我がことのように喜んでいいはずだった。

反応は大きかった。SNSを開けば、アイナの名前がすでにトレンド入りしているし、アユニに続いてアイナもソロデビュー！　モモコは本を出すし、チッチは〜だし、リンリンは〜だし、ハシヤスメは〜だし、とそれぞれのソロ活動に言及している人が多かった。BiSHは活動の幅をソロで広げているという印象を与えているらしい。私に関しては、確かに本は出した。しかしそれがどうしても安心には繋がらなかった。元々は誰かに書けと言われて書いたものだったからかもしれない（もちろん自分が好きで書いたのだが）。もっと自発的に、何か自分から湧き出るような、ワクワクするようなものをこれから探したいと思った。今度また、渡辺さんと一対一で会う機会がある。渡辺さんにも相談してみよう。とにかくB i S Hがなくなる前に、今できることに手を伸ばしてみるしかない。とりあえず私は今の私のままでできることを探そう。それが今やるべきことなんだ。渡辺さんにこの焦りのような気持ちを素直に話すことも、今やるべきことの一つだ。S N Sの人の反応ばかり見て焦っていても仕方ない。

「次は何をしよう」

12月4日

2作目の本、『きみが夢にでてきたよ』の発売日。全国のタワーレコードや書店に本が並ぶ日だ。今回はクラウドファンディングで集まったお金もあってか、前作の『目を合わせるということ』よりも大々的に広告を出させてもらっていた。やっと2作目の本が出版された。嬉しかった。しかし、執筆中の手応えのあったときとは逆で、「次は何をしよう」と空っぽになっている自分を感じていた。B i S Hの共有スケジュールを見ると、12月と1月は他のメンバーのソロの予定が目立っていた。私個人の仕事はほぼない。6年前にB i S Hの募集が載ったオーディション雑誌を見つけた新宿の紀伊國屋書店に立ち寄ってみると、私の本は自分では見つけられなかった。それくらい片隅に置かれていた。期待してしまっていた分、無力感に襲われながら、新宿駅の東口へ歩いた。まだ昼の2時、冬晴れの空が明るく透き通っているというのに、私は少し泣けてきた。やっぱり、大したことないんだ。空っぽの自分を抱えながら、トボトボ情けなく歩いた。

私が人混みの中で泣いて立ち止まっていても、街は動き続け、人々は私のことなんて見向きもせずにどんどん入れ替わっていく。景色がゆがんで、音が消えていった。しょうがないから、駅に向かってまた歩いた。

中野ヘビーシックゼロで行われた初のワンマンライブの後、ワンワン泣き喚きながら帰ったあの日より少しは大人になったはずなのに、私はあのときと同じ気持ちだった。泣き方が少しだけ大人になったくらいだった。

「まずは世界を広げてみなよ」

12月12日

渡辺さんと一緒の仕事が六本木であって、そのあとに2人で話すことにした。スターバックスには人が沢山並んでいて、結局マクドナルドのテラス席に決めた。寒空の下、2人でホットコーヒーとカフェラテを注文して席に着いた。でもそのときの私には、寒さを感じるほどの余裕はなかった。

渡辺さんに、今感じていることを全て話した。

「私、1月のスケジュール、がら空きなんです。その期間、人と会ったりして、なんとなく予定を埋めてやり過ごしていたら、私、終わっちゃう気がするんです。テレビとかラジオとか雑誌とか単発の仕事ももちろんありがたいことだけど、そういうことじゃなくて、自分から何かをしてみたいんです」

渡辺さんが言った。

「まずは世界を広げてみなよ。モモコはすごく優しいと思うし、自分の頭で色々考えているかもしれないけど、少し視野が狭いと思うことがあるよ。色んな人に会ったり、勉強したりしてみたら?」

それは私も思っていたことだった。今までBiSHの中で、沢山のライブの大きな箱だったり、渡辺さんの用意してくれた目標に向かって、みんなと一直線に頑張ってきた。その日、そのときに、懸けていた。何よりもBiSHのライブで成長した姿を見せたかった。そんな風に一直線にきたからこそ、その分視野が狭くなっているかもしれない。これまでの私はBiSH以外のことに全身全霊を捧げるのは邪道なような気さえしていた。BiSHに全てを捧げるべきで、それ以外のものはBiSH人生のあくまでも付属品だ、と本気で思っていた。自分の世界をこれからどう広げていくか。それが今の課題だった。

「BiSHの中で守られている今、こんなに応援してくれる人がいる今、このスケジュールを見て、何もできない自分がスッカラカンに思えて、もどかしいんです」

「いや、スッカラカンなんかじゃないよ。でも、お前らのこと見てて、やっぱりアイドルだなあって思う時もあるよ。用意されたものしかやらないときもあるでしょ。結局はどれだけ自分で用意できるか。それが滲《にじ》み出てくるんだと思うよ」

滲み出てくるもの。その言葉を渡辺さんの口から聞けて私は安心した。芸能界は怖い場所だとも思うけれど、準備して自分の中に積み上げていけば、何かが滲み出てくる。そんな自然の摂理のような、取り繕《つくろ》いようのない正直さもあるのかもしれない。それなら、ほんの少しだけ希望を持てそうだった。少しだけ、信じてみたくなった。

今後やりたいこと、改めてどんな人になりたいのか。渡辺さんと今後の展望などあれこれ話しているうちに、泣きそうになっている自分に気づいた。それと同時に、真剣に受け答えしてくれている渡辺さんの目も、今の私と同じように見えた。

「私思うんです。今、私も含めて、みんな『解散』が頭の中にあって、その決められた終わりを意識してそれぞれ頑張ったり、不安に思っているはずです。でも、やっぱり、積み上げてきたものが認められて、応援してくれる人がこんなに沢山いる今、終わりよりも、今が一番大切なんです。そんな今、こうやって無力感を感じてしまうのが悔しいんです」

「俺は力になりたいと思ってる。俺にできることはやるから」

渡辺さんは私の目をまっすぐ見て、こう言った。味方だ。渡辺さんのもとにいる間はきっとずっと味方でいてくれるんだろうと思った。一気に肩の荷が下りた。今日話して本当によかった。一緒に荷物を持ってくれて、新たな戦場を探してくれるかもしれない。でもそこに挑むための武器は自分の力で身に着けないといけない。まだまだ、これから。

「絶対できると思うから応援する」

12月17日

ラジオでは楽しく喋ってるけど、なんとなく心は晴れないまま。

受験期みたいな先の見えない不安って、大人になったらなくなると思っていた。だけど、やっぱり大人になったって、どうやって生きていけばいいのかなんてみんなが模索しているのだと思う。

今日は親友に電話で相談をした。ソロの仕事がほとんどない、宙ぶらりんな今の状態や不安を、包み隠さずに話した。親友は「モモコがやりたいと思ったことなら何でも絶対できると思うから応援する」、そう言ってくれた。

私は親友と話したあと、自分から湧き出たものを信用したいと強く思った。

ＢｉＳＨだって、始まりは全然好きなことじゃなかった。キラキラしていた時期なんて現実を知らなかった最初のうちだけで、慣れない歌やダンスを強いられた私は、〝辞める〟という選択肢がすぐ頭をよぎった。

なのに今、ＢｉＳＨが一番やっていて楽しいことになったのは、それでも続けてきたからだ。自分の足で歩いてきたからだ。その道がたとえ嫌でも、楽しくなくても、泣いてしまっても。挫《くじ》けそうになったときは、その都度メンバーに励まされたり、刺激をもらったり、笑わせてもらったり、そんなことで、なんとかやってこられた。

いつか「私が突然どこかにいなくなったらどうする?」という話を冗談でしたとき、チッチは「モモコの家まで迎えにいく」、アイナは「自分もいなくなる」と言ってくれた。たとえそれがその場限りの発言だったとしても、私は本当に、本当に嬉しかった。

そんなことの積み重ねだけだったんだ。きっと。

これからは、知らないうちに周りに手助けしてもらうようなことは期待しない方がいいのかなと思う。助けてもらいたいなら、「助けて」が言えなきゃいけない。その〝弱さを見せる強さ〟はBiSHで沢山教えてもらったはず。

先のスケジュールばかり見てもしょうがない。未来を決めつけすぎるのは、いつだって今を窮屈にする。流れている今を上手に掴み取って受け入れていくのが一番だと思った。自分から動きたい。なんでも良い。例えば何か資格を取るとか。でもそれよりワクワクするのは、小説を書くことだ。こちらの方が何の保証もない茨の道に思えるけど。

「コントを書くか？」

12月20日

4日後に行われる代々木のワンマンライブのコントがなくなったと聞いた。渡辺さんやライブ制作の佐藤さんたちが話をして、「今回はなしにしよう」と決めたらしかった。コロナの影響でお客さんはマスクをつけての参戦になるし、飛沫防止ということも考慮されたのかもしれない。しかし、この知らせを聞いてハッとした。そういえば数日前、渡辺さんと一対一で話したとき、冗談半分に「お前、今度コントの台本書いてみる？」と言われたことを思い出したのだ。

そのときの私は「沢山のお客さんが見るのに、無理ですよ、私なんか」という言葉を返していた。何を書こうかという手がかりもなく、とにかくそんな重圧は冗談でも背負いきれないと思った。でも、もし私が「書かせてください」と言っていたら、コントは代々木でもやっていたかもしれない。提案されたときは目の前の不安や焦りの解決に精一杯だったが、思い返せば私はBiSHに入る前にも、BiSHに入ってからツアーでコントをやり始めてからも、コントの台本を書きたいと考えていたことがあった。大学時代は実際に遊びで書いたりもしていた。才能などないかもしれない。でも、この渡辺さんからの提案は、本当は私がやりたかったことだったのかもしれない。なのに、秒で怖気づいてしまった。私の言動は矛盾していた。

ここ1カ月、代々木のワンマンライブのことを考えない日はなかった。追われている、という方が近いかもしれない。約1年ぶりの有観客のワンマンライブだ。ワクワクよりも緊張感や恐れに似た感情が勝っていた。楽しむ気持ちというより、不安要素をつぶして、穴埋め問題を解いている感覚だ。もちろん不安要素を埋めることも大切だろうが、それにしても私は考えすぎていた。

昔の私が「コントを書くか？」と言われたら、問答無用で飛びついていたと思う。そんな希望に満ち溢れていたときとは違い、「いやー、お客さん沢山来るし、書けないですよ」と言ってしまった。確実なものに憧れ、人生を置きに行っている。少し無理めかも？　と思われることに飛びつく勇気がなかった。

置きに行かないで、目一杯やりたいことをやれてるんだと思って、もっと自由に楽しめばいい。いつからかそんな風に思うことすら、すごく難しくなっていた。実体のない誰かのために、もうどこかに存在する何かになろうとしていた。このことに気づいて、悔しくて悔しくてたまらない気持ちになった。周りを見てばかりで、自分のことを置き去りにして、焦りばかり募っていた。自分のことをないがしろにして、見くびっていたのは、ほかの誰でもない、私自身だった。

きっと何も怖がるものなんてないんだ。誰とも比べる必要もない。私がやりたいことを目一杯やったところで、どこの誰が怒ったり、攻撃したりする権利があるというのだろう。そんなの当たり前なのに、いつの間にか自分を窮屈な箱の中に閉じ込めてしまっていた。カーナビみたいに、目的地に予定通り着くルートなどきっと人生には存在しないんだ。見ないといけないのは、あるかないか分からない遠い場所じゃなくて、いつだって目の前のはずだ。

改めて思う。私はステージに立つ人生を選んだ。就職活動に勤しむ他の学生たちをよそ目に、「こっちの方が絶対に楽しい。輝ける」と直感で選んだ、私だけの道だ。この道をスキップしながら駆け抜けていくか、ダラダラと歩いていくか選ぶのは、他でもない私自身だ。私は自分のためにステージに立つ。誰かに強いられたものでもないし、誰かのために無理をして選んだ道でもない。

自分をもっと自由にしてあげよう。不確実な未来よりも実体を持った今を目一杯生きたい。とにかくいつまでも失望していられない。台本も書かないいんだったら、6年間必死に楽しく私なりに歩いてきたＢｉＳＨのステージを楽しもう。私が楽しまないで誰が楽しむんだ。私が自由にならないで、誰が私を自由にするんだろう。

「みんなで」

12月22日

代々木のリハーサルが始まった。

なんとなく感じる。「みんなで」は、当たり前じゃないんだな。みんなで笑いあうこと、みんなで同じ部屋にいること、みんなで同じテーマについて話すこと、みんなでお弁当を食べること、みんなで同じステージに立つこと。

ここ1年、コロナ禍、無観客ライブで鍛えられてきたはずだけど、私はまだやっぱりうまく笑うことができなかった。人と目もうまく合わせられなくなっていた。

だけど、リハーサルで音楽が鳴るとすごく居心地がよかった。やっぱり6人がまとまるのはステージの上が一番なのかもしれない。

スタジオで丸一日かけてみんなで通しリハーサルをする。あそこが違う、ここをこうしよう。途中疲れてふざけたり、誰かが不機嫌になっていたり。大舞台の前のいつも通りのリハーサルの様子にとても安心する。

当初コントにするはずだった場面は、ハシヤスメ中心のMCとバンド紹介になった。だけど、みんなで話し合ってもなかなかうまいことまとまらなかった。こんなことならやっぱり台本があった方がよかったと思ったが、きっちり決め込みすぎないMCもBiSHのライブの良さかもしれないとも思う。本番はうまくアドリブも利くといい。
約1年ぶりの有観客ライブなのだ。やっとステージが完成する。とにかく、今までで一番楽しみたいと思った。

12月23日

明日は代々木本番。今日は一日オフだった。だけど休みだとは全く思わなかった。振り返れば、ライブの開催が発表されてから、ずっとこの日に向けて生きていた気がする。一日も忘れたことはなかった。絶対にいい日にしたかった。後悔もしたくない。その思いは、「楽しみ」というのとは少し違う気がする。ライブの前にいつも襲ってくる、強迫観念にも似た感覚でもある。

明日のために、毎日飲んでいたカフェインを断ったり、夜走ったり、SNSをなるべく見ないようにして、自分の根幹を強くしていこう。そう考えながら日々を生きてきた。そして今日は早めに寝ようと決めて夜9時には布団に入ったけど、夜中の3時頃まで寝付けなかった。寝られないでいると焦りが募った。緊張と明日のライブへの思いがゴチャゴチャになって、頭は冴え、胸も高鳴る。うまく高音を出すためには、たっぷり寝ないといけないのに。読書で気を紛らわせようとしてもやっぱり眠れない。明日のライブに対する思いを一旦整理してみることにした。

まず、私はどうして怖がっているんだろう。もちろん、ライブはお客さんのためにやるものだ。だけど、まずは自分のためにやるものだろう。誰かの理想や期待で形作られたBiSHやモモコグミカンパニーに合わせにいくんじゃなくて、まずは自分が一番楽しむ。それだけなんじゃないだろうか。シンプルなことだけど、大舞台に立つときほど忘れてしまう。観客は見ている人なんだから、私は楽しんで、その姿を見せればいいんだ。そう考えると、恐怖が楽しみに変わっていった。結局、3時過ぎに寝て、6時頃に目が覚めた。そこからまた寝付けないままだった。明日は今までのコロナ禍の混沌とした月日の答え合わせをするようなライブにしたいと思った。自分が憧れた、お客さんのいるBiSHのステージへの気持ち。実際にどんなパフォーマンスができるか。そしてお客さんがどう応えてくれるのか。

12月24日

代々木のワンマンライブ「REBOOT BiSH」(国立代々木競技場第一体育館)当日。
リハーサルのときは会場が寒くて寒くて仕方なかったけど、お客さんがいると一瞬たりとも寒さを感じなかった。最初の曲が始まってからずっと「このときが終わってほしくない」と思い、3時間近くのライブはあっという間に終わった。面白い本はどんなに分厚くても読み進めるのがもったいなく感じるが、その感情と似ていた。今までのどんな瞬間よりも自分らしくいられたし、お客さんがいるライブはやっぱり最高だった。3時間しか眠れなかったせいか、途中フラッとすることがあったが、そんな弱さが悔しくて、負けてたまるかという気持ちで、身体を倍動かした。

『FOR HiM』の落ちサビは、特に自分が試されている気がした。ここは、上手くいくときといかないときがある。毎日練習してきたけど、今までは、自分の弱さに負けて、練習のときのように上手くできないこともあった。みんなが期待しているのも分かるし、スタッフさんも見守ってくれていると思うと、余計に要らない力が入ってしまう。上手くいかないと、私は大人げなく泣いたり、ひどく落胆した。

今回も〝完璧〟な高音は出なかった。だけど、なぜかそれほど落胆はしなかった。

いつも100点を目指して毎日練習してきたけど、この脆《もろ》さも含めて今の自分なのだ。それをこんなに多くの人の前でさらけ出せてよかったと思った。自分はこれまで、精一杯生きてきた。今も精一杯の自分で声を出した。それでいいのではないか。せっかくの生歌だ。自分のことをやっと受け入れられたような気がした。『FOR HiM』を歌ってそのことに気がつくと、ライブの後半に近づいてきたのに、急に何かが吹っ切れたように身体が軽くなっていった。これでいいんだ。大舞台で思うようにいかなくても、今私は精一杯の自分で戦えている。誰かに下手だと言われても、恥ずかしい思いをしてもいいから、さらけ出す。その簡単ではないことができたんだから、よかったのではないか。

言い訳みたいに聞こえるかもしれないが、私はずっとこういう考えができなかった。

少し間違えたら「私がステージを台無しにした」と自分を責め続けて、ずっと引きずっていた。あらかじめ用意したことに意識を向けすぎていて、本番の空気に乗れないこともあった。だけど、卵だって完熟より半熟の方が好きな人が多いように、誰もが100点を求めているわけではないだろう。むしろ素人のマイナスからBiSHと共に歩んできた私自身がステージに立つ意味は、その半熟の部分にあるのではないだろうか。特にライブのような生モノは尚更だ。大舞台に立って初めて、本当に初めて、やっと自分の弱さを許すことができた。これは、小さいけれど大きな前進であり、目の前にいる沢山のお客さんが教えてくれたことだった。

私はずっと、誰が作った100点に苦しめられていたんだろう。残りの月日ももっと自分らしく生きたいと思った。

「全然歌ってないじゃん」

12月31日

2020年最後の日は『COUNT DOWN TV』の仕事だった。年越し前に『プロミスザスター』、年越し後の夜中2時に『LETTERS』を生放送で歌うことになっていた。2曲ともテレビサイズで、『プロミスザスター』は歌割がなく、『LETTERS』の方は歌うパートがあった。

テレビの生放送でテレビサイズにアレンジされた曲を歌うと、SNSでよく言われるのが、「○○が歌ってないじゃん」というコメントだ。私は2番から歌割がある曲が多いため、テレビ尺の曲では歌わないことが多い。歌わなかったら歌わなかったで、「モモコどんまい」「全然歌ってないじゃん」と言われるのももう慣れていたが、歌ったら歌ったで、「下手だ」と騒ぐ人たちがどうしたって出てくるのだ。

ここ1年、テレビの生放送でパフォーマンスをすることが多かったが、このSNSの反応に、私はずっと振り回されていた。もちろん、BiSHを画面越しで見られることを純粋に喜んでくれたり、曲を楽しんでくれたりする人も沢山いる。だけど、見たくもない意見ばかりが目に入ってしまう。2曲の歌唱が終わり、TBSを出るともう夜中の3時を回っていた。帰りのタクシーの中でSNSの反応を見ていて、年明け早々だというのにネガティブになっている自分がいた。だけど、ふと考えた。

「私は今日、誰のために歌ったのだろう?」

画面越しの人たちの心ない言葉の数々に踊らされて、出番前から、「SNSにまた何か書かれるかもしれない」という恐怖心に、少なからず苛《さいな》まれていた。テレビに出られるようになった最初の頃は、出させてもらって嬉しいという気持ちばかりで、否定的な意見なんて気にも留めなかった。なのに今では、出る前から「〝全然歌ってない〟って書かれるだけなんだろうな。1行歌うにしても、1音でも外したらまた下手と言われるんだろう。そんなこと言われないように、しっかり外さないようにしなきゃ」という、見えない誰かのご機嫌取りのような気持ちになってしまっていた。こんなことでは良い歌なんて歌えないだろう。

全員から賞賛の言葉をもらっていれば今日みたいな気持ちにはならずに済んだのだろう

か。それなら事前にレコーディングしたもので、間違えようもない口パクでパフォーマンスすれば満足がいくのだろうか。けれど、そんなことをやっても何も報われない気がする。欲しいのは全員からの花丸ではなくて、きっと自分の中の実感だろう。誰かのご機嫌取りではなくて、これでいい、よくできた、という納得感だ。自分の中の芯を保つことはとても難しい。ステージに立つ上で、目に見えない「気持ち」の持ちようは、見え方や結果をも左右するくらい重要なのかもしれない。

テレビの歌唱でもワンマンライブのようにお客さんの前でのびのびパフォーマンスできたらいいと思うが、そうはいかない。テレビは不特定多数が見ている。空気感も伝わりづらい。そしてそれだけではなく、私自身が何かのコンテンツになるということが苦手なのかもしれない。テレビの枠組みに組み込まれ、「例のアレをやって下さいな」と言われるのが難しいのだ。テレビによく出ている人は、目の前に誰もいなくても、揺るがない軸と「誰かに伝える」という力強い意志を持っているのだろう。テレビを見ていると何の苦もなさそうに普通にパフォーマンスをしているが、本当はとてもすごいことなんだろうと思う。

2021年1月1日〜

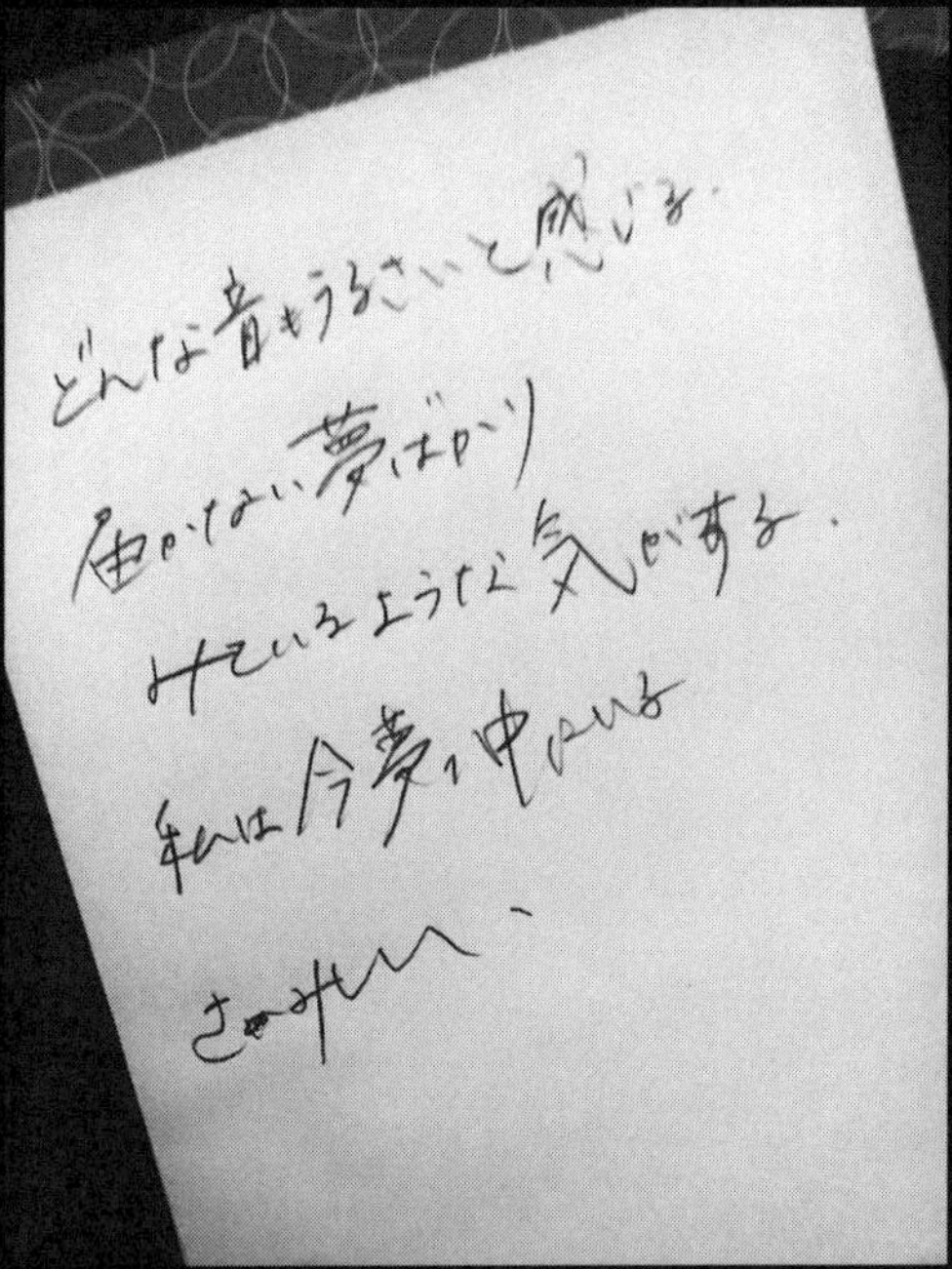

12月31日

「世の中の音はどうやって聞こえているんですか」

2021年1月1日

正月は、自宅で一人まったりと過ごした。今日配信された全曲ライブもちょくちょく見ながら、届いていたファンレターのいくつかに目を通していると、ルーズリーフ1枚の両面にびっちりと文字の書かれた手紙に行き着いた。読むのが大変だと思うくらい沢山の黒い文字で埋められたルーズリーフだったが、結果的に、それだけでは足りないと感じるほど、読みいってしまうことになった。そのファンレターは、耳の聞こえない女の子から来たものだった。

【モモコさんに聞いてみたいのですが、なんで喧嘩とか、怒鳴り声は聞こえるのに、優しい声や、困っている人たちの小さな声は耳に届かないんでしょうか。普通に聞こえる人たちがどうかは私にはわからないんですけど、私はすごく大きな音とか響いてる感じしか認識できないから、怖い音ばかり入ってきて、こんなことなら、音、聞こえなくていいと思ったこともあります。モモコさんとか、普通に聞こえる人には、世の中の音はどうやって聞こえているんですか】

どうやって音が聞こえているのか、なんて考えたこともなかった。私は自分の聴力に関して不自由さを感じたことはない。でも、その「普通に聞こえる・聞こえない」ことと、この子が私に尋ねてきたことは、あまり関係ないだろう。

世の中には耳を澄まさないと聞こえないものと、聞きたくなくてもズカズカと土足で耳に入り込んでくるような音がある、ということだと思う。

そして、この子は「普通に聞こえる人」が聞きとれていない声に耳を傾けられているのではないだろうかと思った。

この子の言う「優しい声や、困っている人たちの小さな声」は、聞こえていない人が恐らく山ほどいる。物理的には聞こえているのに聞こえていないのだ。

「優しい声や、困っている人たちの小さな声」を聴くためのヒントは、声だけではなく、視覚から入ってくるもの、表情、空気感なんかにあると思う。

私は、本当は何も聞きとれていないのかもしれない。最近は、物理的に耳に入ってくるものばかりに囚われていたような気もする。聞こえているはずなのに、聞こえていない。聞こうとしていない。自分が恥ずかしくなった。

「誰からも求められていない」

1月9日

髪の毛を水色に染めてみよう、と思った。

私は今まで何度も髪の毛の色を変えてきた。ピンクだったり、赤だったり、金髪、紫、茶髪。自分がそのときしたい色に、思い切ってしていた。そんな私を知っている人は、私が髪の毛を水色にすると聞いても、ずっとロングヘアーだった子がいきなりショートカットにするときのような衝撃は受けないと思う。でも、私が髪の毛の色を変えるのは、軽い気持ちでしているわけではなく、毎回勝負をかけているのだ。

この仕事は見られることが前提だ。一瞬で誰かの目に留まったほうがいいと思っている。BiSHの中で一番小さかったり、髪の毛が明るかったり、そんな外見的な特徴は、私にとってはみんなと自分を差別化できる安心材料だった。今では「作詞をしている」とか「本を出している」と紹介されることが多いけど、昔はこれといった特徴もなく、ただ小さいだけ。でも、そんなことだけでも、私は救われていた。

そのままの自分でいてはいけないと、いつも思っている。見た目には人一倍気を配ってきたつもりだ。きれいになる、かわいくいる。それ以前に、小さい子、金髪の子、なんでもいい、そんなとっかかりが欲しかった。今思うと自信のなさから来ていたのかもしれないが、やっぱり大切なことだったとも思う。

そして最近は、〝BiSHの中の〟という枠から外れて戦うためには、もう「一番小さい子」だけではインパクトがないなと思う。焦りにも近いかもしれないが、何かを変えたいと思ってしまう。心機一転、自分で何かをしたい。こう思うときはいつも髪を染める。髪色だけが全てじゃないということも分かっているけど、待っているだけでは何も変わらないし、自分から何かを変えたくなってしまう。
したことのない髪色にするのは、とても勇気のいることだ。似合わないかもしれない。でも、やってみないで怖がってたらいけない。これを機に、もっと自信を持てたら。ソロの仕事も増えたらいいなあ。そんな希望をまた託している。正直、今の明るいベージュ色の方が自分に似合っているだろうと思う。安定していて失敗しない色だ。だけど、安定している自分はパッとしない自分でもある。少し崩して、賭けてみたい。なんにも届かず、誰からも求められていない。そんなパッとしない自分のままでも輝きたい。今生きているこの時間も貴重なんだって思いたい。苦しいけど、どんなときだってもがいている自分はきれいなはずだ。汚くて最高なはずだ。上ばかり見ていても何もないから、無駄だと思えることだって悪あがきしてやろう。置いていって平均点とるよりも、カッコ悪く輝いていたい。

1月24日
久しぶりに親の前で泣いた。

1月25日
今日はＢｉＳＨの撮影で、久しぶりにみんなに会った。やっぱりみんなといると楽しいし、くだらないことで笑える。だけど家に帰ると、虚しさが募ってくる。先の予定がないから、今の状況から抜け出したい。かといって、行きたい場所は？　と聞かれても迷ってしまう。だけど誰かにこの気持ちを話してもしょうがないだろうと思った。自分が頑張るしかないのだから。

今の私はとにかくパッとしない。何もかも自信がない。仕事がない。不安がって悩んでいて、時間ばかり過ぎる。すごく無駄な時間だ。

「誰も仕事を頼んでこない」→「誰にも求められていない」→「自分は何もできない駄目な奴なんだ」→「もう終わりだ」。

そうやって、どこにも持っていきようのない、怒りにも似た沸々とした気持ちから始まり、のちに自分を責めている。いつもそうだ。そうやって鬱々とした気分にハマるばかりで、しんどくて笑ってしまうほどだ。

しかし、冷静になってみたら、「誰かに仕事を持ってきてもらうほど、私はエラいのか？」とも思う。仕事を持ってこない大人たちが悪いのではなく、本当は、「仕事を持ってきづらい私」のほうが悪いのだろう。というか、どちらが悪いかなんて考えているだけ時間の無駄。重要なのはそんなことじゃない。今の私にはＢｉＳＨという肩書が残っている。何もすることがないということは、なんでもできる時間があるということだ。今のやるべきことは、「自分の仕事を作る」ことなのだろうと思った。求めるだけになっている矢印の向きを、自分から向くように変えてみればいいのではないだろうか。

この世界に入った根本の動機には、学校で出される宿題のように「やれ」と言われたことをやるだけの人生から逃げ出したかった、ということがある。その後、幸いにも芸能界という自由にやれそうな世界に入り、その中でも極めて自由そうなＷＡＣＫという事務所に入ることになる。しかし、そこでも「これをやってください」「これを読んでください」「このポーズをとってください」、誰かの思惑を達成する材料として使われているだけじゃないかと感じてしまうような仕事をすることも多い。というか、そのような仕事が8割だ。誰かの台本が用意され、その筋書きに沿うように自分を柔軟に変えていける人が重宝される世界なのかもしれない。それなら、宿題をやれと言われていたときと同じではないか。まあ、私はそうやって誰かの意図に応えられるような力を持っていないだけかもしれない。でも、それなら尚更だ。そんな人間が何かを待っていたり求めてばかりいても、何にもならないはずだ。目を覚まそう。

今のままでは、「はい！　すぐにやります」と言いながらも心の中で「これ意味あるのかな」と思っていたあの頃と一緒ではないか。動いてみよう。周りの人にも頼ってみよう。少しは信用してみよう。明日からは、悩んでる自分から抜け出せますように。

1月27日

18時に、ＳＷ代表の西澤さんと会って話してもらうことにした。西澤さんは『きみが夢にでてきたよ』を出す提案や編集もろもろをしてくれた人だ。集合時間までアテもなくふらふらと散歩。歩いている最中、知人でアーティストのマナミさんと「曲作ろう」と話していたことを思い出した。曲も作れるかもしれない。

西澤さんと話し合い、何かWEB媒体を使って発信できないかという話をする。

小説は出す。全部書いてから編集者さんに提出したほうがいいというアドバイスをもらった。あとはとにかく色々やってみて、それで当たればいい。そこから何に力を入れていくか、絞っていけばいいんだと思う。やってみないと何も分からない。恐れない。

「残響」

2月13日
今日は、アユニのバンドPEDROの武道館ライブに行った。会場に着くと、関係者席の一番いい席を用意してもらっていた。他のメンバーと一席おきに一列で座る。バンドの音が響き渡り、アユニがセンターステージでスポットライトを浴びていた。その瞬間、私も含むBiSHメンバーが反対に影に照らされていた。
「置いて行かれた」
一瞬そんな風に思った。ただ、今、目の前のセンターステージに立っている女の子は、私たちと同じグループのメンバーであり、そうではない、枝分かれしたもう一つの道にいる彼女でもある。知っているアユニのようで、そこにはまた別の、私の知らない彼女が立っていた。そして、会場にいるPEDROのお客さんも、BiSHのライブと同じお客さんが中にはいたのかもしれないが、私たちBiSHのステージから見えるお客さんとは別人に見えた。

会場を揺らすギターやベース、ドラムの音、そして、アユニのパワフルな歌声に圧倒されながら、無意識に、私たちがこの場所に立ったときのことも考えてしまっていた。お客さんはどんな反応をするんだろう。どんな風に身体を動かすのだろう。

武道館はまるでライブハウスのようだった。センターステージから放つ音が空間をまとめあげる。ステージに立つ人間の生き様と音楽、お客さんの想いが乗った、かけがえのないステージだった。

アンコールも終わり、メンバーと裏に入って、ステージをやり切ったどこか清々しそうなアユニに挨拶をした。

「またみんなで立ちたいね」

と私たちに向かって言った彼女は、私が知っているBiSHのアユニだった。

アユニと別れ、他のメンバーと、ライブの感想やカッコよかったところなど色々話しながら出口に向かっていたとき、アイナがふと、「センターステージって意外と小さかったな」と言った。

「それ！　私も思ってたんだよね、バンドメンバーの3人でちょうどいいくらいだったもんね。機材もあったからかもしれないけど」

と私。すると、アイナがこう返した。

「6人だったら、結構きゅうきゅうになるよね」

その言葉を聞いたとき、とても嬉しくなった。みんなやっぱり少なからず、B・i・S・Hがこの場所に立つことを想像していたのかもしれない。そして、影に照らされながら見たステージで、武道館への思いもより強くなっていったのかもしれない。

この場所にB・i・S・Hのメンバーを集めてくれたのはメンバーのアユニで、彼女がセンターステージを目一杯使ってみせてくれたからこそ、私たちにも想像ができた。それは、とても頼もしく、ありがたいことだった。帰り道、耳の奥でまだ残響が鳴り響いていた。

「甘すぎる」

2月16日

2月も後半に差し掛かった。共有のスケジュールを見て、ため息が零《こぼ》れ落ちるどころか、息が詰まるようだった。この1カ月、相変わらず仕事のある日をかき集めても10日くらいしかなかった。前々から頑張ってコツコツと書き溜めていた小説もいつの間にか書かなくなり、気がつけば、今の自分の状況をコロナ禍や周りの人間や世間のせいにしていた。

頑張れるわけないでしょ。学校のテストみたいに「この日に何があるから、それまでに頑張ろう」なんていう明確な目標もないし。何もしないで、ただ求められていない自分を肯定するために愚痴を並べている。

どうやら私は、自分がかわいくて仕方ないようだ。

たぶん、学生の頃の私が今の私をみたら、「甘すぎる」と言うだろう。学生時代のように、これをやればこうなる、なんて簡単な世界でもない。未来を想像して今できることをやる。何はなくとも。求められていないのが分かっているなら、それをいったん認めて、求められる努力をするべきだ。

だけど、夜にいい報告があった。西澤さんに前々からやりたいと提案していた、喫茶店を巡ってマスターに話を聞いていくという連載企画に、渡辺さんからＯＫが出たというのだ。その企画に伴って、個人ＨＰを作れるかもしれない。

2月17日

ＦＭ ＦＵＪＩのレギュラーラジオの収録があった。今日のメンバーはチッチとリンリンと私。寄せられたお便りの中に、勇気づけられる言葉があった。

「楽曲も好きですが、それより先に、ＢｉＳＨというグループが存在しているということが嬉しいです」という内容だった。

存在しているだけで嬉しい。救われる言葉だった。考えてみれば、仕事があってもなくても、ただ存在するということは、まあまあ大変なことだ。いなくなることはいつでもできるわけだし。誰かと誰かが仲が悪くなってそれでグループが崩壊したり。そして、私が私としていることやモモコグミカンパニーの人生を歩くのも簡単ではないと思う。そんなことを肯定されたようで、とても嬉しかった。

2月22日

「解散まであと2年」という言葉を聞いて、長いと感じるか、短いと感じるか。人それぞれだと思うが、その2年は単に「長い」「短い」で片付くことのない、濃密なものになるはずだ。

今までの6年間はどうだっただろう。

ただ終わりを待つだけなんて、空しすぎるな。

「血の通ったものに、人は集まるよ」

3月9日

渡辺さんと2回目の個人面談。ＢｉＳＨが終わって一人になったときの私の力について、以前父親には「１００分の１になる」と言われ、今日、渡辺さんには「１０００分の１になる」と言われた。厳しい。厳しすぎる。そんなこと、言われなくても分かっている。でも、怖くてたまらなくなってくる。考えれば考えるほど、今が息苦しくなってくる。ただ、渡辺さんと話した中で、きらりと光る言葉をもらった。

「血の通ったものに、人は集まるよ」

血の通ったもの。そうだ、ＢｉＳＨもそうだ。上手い下手より、まずその前に、血を通わせろということだ。誰の真似でもなく、自分から絞り出したもので勝負しろということだと思った。焦っても仕方ない。私は私の人生を、血を通わせて生きるだけなんだろう、きっと。

「書くべきだ」

4月4日

小説を書いているなんて恥ずかしくて誰にも言えなかった。

でも小説を書かないといけない、書くべきだ。BiSHにいるうちに、いつからかそんなことを思うようになっていた。私が実感を持って生きていける場所はそこなんだ。そこじゃなかったとしても、試す価値は十分にある。いつかじゃなくて、何にも期待されていない今、書く必要がある。

雲みたいに摑んでは消えていく毎日をただただ過ごしていると、自分自身が一体何者なのか、だんだん分からなくなってくる。これは、かなり怖い感覚だ。そんな毎日から抜け出すためにも、生きることにしがみつくように、自分の形を確かめるように、小説を書いてみよう。そう思った。

4月10日

JAPAN ONLINE FESTIVAL 2021 Springに出演。

久々のライブはなんだか嬉しくて、でも私は震えていた。人々が作り出した、私たちのグループの虚像。コロナ禍になってお客さんとの距離が離れてから、私たちへの期待値がより高まっている気がした。今年はアリーナツアーも控えている。そんなことに飲み込まれそうになって、嬉しいはずのライブも、リハーサルから息苦しかった。

ライブ中、アユニの汗をかいている顔を見た。そうか、私も汗をかこう。思う存分、汗かけばいいんだ。そうすれば、震えていることすら忘れてしまうはずだ。一瞬で力が湧いてきた。苦しいなら苦しいなりに、もがいていればいいんだ。もっと汗をかこう。

「小説の世界」

4月11日

去年の12月からこそこそと、時には1カ月も2カ月も挫折しながら書き進めてきた中編小説2つを、2つとも粗削りにもほどがあるが、なんとか書き終えることができた。分量は合わせて4万字を越すくらい。なぜこの数字を意識したかというと、芥川賞候補に入る作品は4万字くらいだとどこかで聞いたからだ。賞の候補に入ることなんてさらさら意識していなかったけど、それがなんとなく頭に残って、私はずっと4万字を目指して書いていた。

最初は小説なんて書けるはずもないと思っていたし、私なんぞが書いたところで、色んな人の反感を買うだけだろうという気持ちだった。かくいう私自身も、もともと芸人、アイドル、ミュージシャン、いわゆる芸能人の書く小説を毛嫌いしていたし、絶対に読んでやるものかと思っていた。芸事の片手間、というイメージがあったからだ。小説はもっと神聖なもので、芸能人という立ち位置を使うようなモノではないという、ひねくれた考えを持っていた。そうは言っても、小説の世界にずっと憧れがあったことは確かだ。

思い切って書き始めてからは、途中で何度もノートパソコンを放置してしまうことはあっても、書くのを完全にやめはしなかった。芥川賞作家の遠野遥さんと対談をきっかけに仲良くしていただけたことや、『きみが夢にでてきたよ』を出した際に私の書く小説が読みたいと言ってくれたクラウドファンディングの支援者がいたこと、そして本棚にある小説たちに背中を押されてきた。

最初に書いたのは『疼き』という中編だった。いざ、小説を書いてやるぞ！　なんて意気込んで書き始めたわけではなく、冒頭の文がなんとなく浮かんできて、そのまま5000字ほど書いた。5000字も書けたのは嬉しかったが、そのあとの展開がなかなか思い浮かばず、次第に小説のことを考えるのが苦痛になってきた。書けないかもしれないという現実に向き合うのが怖くて、パソコンを開くことすら躊躇《ため》うようになってしまった。だけど、この時期に村上春樹の処女作を読んで、こんなに有名な人だって、書こうと思わなければ一生書かないままの人だったんだろうと思い直し、1カ月ほど経った後、続きを書き始めることにした。ストーリー構成なんて考えられなかった。ただ、ノートパソコンに向かいながら話の続きをなんとかつないでいった。

『疼き』は2万2000字ほどで、いったん一段落した。あれ、これじゃ目標の4万字にならない。小説を書くなら自己満足ではいけない、本にして読み手がいないと書く意味は全くないくらい思っていた。本にするためには、もっと文字数が必要だ。もう一篇、この話と同じくらいの分量の小説を書けば、ちょうど4万字になるだろう。だけど、一つを書き終えるだけでも大変だったのに、あと一篇ゼロから物語をつくるのは、とても骨が折れることのように思えた。

それから、また書かない生活が始まった。頭のどこかで「書かないといけない」と思いつつ日々を過ごしているうちに、BiSHとしての人生、人に見られる人生を仕事として選んだ私だからこそ、書きたいと思える物語が浮上してきた。それを少しずつメモに残しながら、生活とともに、小説を書いていった。ストーリーはちぐはぐで、自分でも最初から通して読むのが怖かった。

それでも、『変幻』(後の『御伽の国のみくる』)というタイトルを決めてからは、仕事の波が去っていたこともあって、集中して書くことができた。ただ、後半を書く頃になると、だんだん眠れなくなってきた。毎日午前4時過ぎに寝て、9時前に目が覚めた。体調もなんとなく崩していた。気分転換に外に散歩に行っても、ストーリーから離れられず、浮かんできた文をスマホにメモしては帰ってきて付け足した。けれど、「小説を書く」という行為に一日の大半を費やし依存することによって、私の精神は救われていた。

最近の対面ライブの少なさや、SNSでのフォロワーの伸び率の低下、仕事へのフラストレーション、日常のうまくいかない細々としたことが、一度小説の世界に入ってしまえば、塵《ちり》みたいにちっぽけな悩みのように思えた。

人のせいにしたり、何かを待っているばかりの現実とは違い、小説は自分で書き進めていけばその分ストーリーが進んでいくのが快感だった。小説の世界を構築していく中で自分の人生を実感を持って生きることができていた。それに、自分で書いてみてから、まるで世界が生まれ変わったかのように小説の素晴らしさを知ることができた。その喜びで一杯で、毎日が幸せだったし、小説自体が今まで以上に好きになっていた。今まで、小説は日常の喧騒から逃れるための一種のエンターテインメントだと思っていたが、小説は小説にしかできないことがあり、芸術なのだと私の中で腑に落ちた。私はまだ何者でもないし、その上、箸にも棒にもかからない物知らずと思うが、この世界に腰を据えられたらどれだけいいだろうと思った。

そんなときに出会ったのが窪美澄さんの小説だ。これまでは『ふがいない僕は空を見た』を読んだことがあるくらいで、性的描写に長けた、センセーショナルな小説を書く方というイメージがなんとなくあるだけだった。だけど、窪さんの新しい短編集を手に取ったことがきっかけで、窪さんの小説がとても好きになった。「生」と「性」をテーマに書く窪さんの小説は一貫性があったし、生きることを突きつけられるような感覚を覚えた。小説家としてのテーマがあることは素晴らしいと思った。窪さんと何か仕事でご一緒できればな。でも、そのためには、私は、粗削りに終えた恥ずかしい小説を世に出すまで、それとしっかり向き合う必要がある。

明日、書き終えた2篇を紙に印刷して自分だけの添削をしようと思っている。怖くて、でもとてもワクワクしていた。小説を本格的に書いていることは誰にも言っていないし、この話を読んで誰が得するのかもわからない。場合によっては悲しむ人もいるかもしれないと思う。怖かったのと先入観を持たないために、まだ書いた小説は最初から通して読んだことがない。全ては明日自分が読んでどう感じるか。私の小説の読み手第1号としての自分が持つ感想が、何より大切なのだ。そこで、やっぱり全然駄目だ、と挫折してしまうかもしれない。それでも、この小説は死に物狂いで書き終えたいと思う。どんなに下手でも、死に物狂いで書いてきたのだから。

4月15日

バーバから「頑張ってるね」と実家に帰るたびに言われる。

「モモちゃんは本当に頑張ってるね」

それに対して毎回、「やめてよ!」と強く言い返してしまっていた。

頑張ってないよ。周りばっかりすごくて、私に光は差していない。頑張ってる風に見えているだけ。BiSHは自分の力じゃない。私は空っぽで、毎日足搔いてるだけ。

バーバは何も知らないのにトゲトゲしく反発してしまう自分が大人げなくて、心底嫌気がさした。

「BiSHをスターにする」

4月21日

WACKの事務所に、渡辺さん、メンバーはじめ、avexチーム、マネージャー、沢山の大人たちが集められていた。BiSHの解散に伴う今後の大まかなスケジュールについての話し合いだった。

10枚ほどのレジュメがavexの担当の方から一人ひとりに配られた。そこには、解散までの2年間の細かなスケジュールが示されていて、解散の年には12カ月連続でシングルを出すことなどが書かれていた。そして、私たちは2022年のCOUNTDOWN JAPANの年越しライブのMCで解散発表をすることが伝えられた（実際の解散発表は別のタイミングになった）。すごくバンドっぽいと思った。その後、メンバー各自に、解散までにやりたいライブ、企画、出たい番組などを聞かれて、みんな好きに意見を出し合った。リンリンは「選挙カーに乗ってライブがしたい」、ハシヤスメは「24時間ライブをまたやりたい」と言い出して、何人かのメンバーから非難を受けていた。私は「老人限定のライブがやりたい」と言って笑われた。そんな風にワチャワチャした雰囲気の中で、私は少し気になっていたことがあった。

レジュメに「BiSHをスターにする」と書かれていたことだ。言いたいことはよく分かった。しかし、そのページにはなんだか寒い空気が漂っているように思えた。その違和感の正体は自分でもしばらく分からなかったが、よく考えてみると、こういう疑問だった。

「スター」とは「させられるもの」なのだろうか？

このレジュメの説明の仕方だと、私たちは大人たちにスターに「させられる」ことになっている。果たして、スターというものは誰かの意向によって「させられるもの」なのだろうか。私の中では、スターは「させられる」ものではなく、「なる」ものだった。このレジュメ通りにいくなら、私たちは解散までに、「スターにならなければいけない」ということになる。スターにはどうすればなれるのだろう。

私の個人的な「スター」の定義は、自分に到底できないこと、憧れを実現できている人、自分を助けてくれる人、だ。この私の定義に従えば、B・i・S・Hがスターになるには、人々を助けたり、人々の憧れていることやできないことをして、その結果、追いつけない存在になる必要がある。「スター」といっても、ただキラキラとしたものを身に纏《まと》うことで人を引き付けるような真似はB・i・S・Hには似合わない。それよりもちゃんとスターになるための階段を一段ずつ上がっていくというイメージの方が現実的だと思った。また、スターになるとは具体的にどういうことかはよく分からないけれど、その過程で捨てないといけないものや、その分掴まなければいけないものがあるような気がした。そもそも、スターというのは公的なものではなく、個人的なものなのだろうと思う。人はそれぞれ自分だけのスターを持っているはずだ。

スターになれるのは、選ばれた人間だけなのだろう。スターになると想像するだけで、知らないステージに踏み込むような恐怖のほうが大きかった。考えただけで足がすくんでしまう。けれど、必要なものをしっかりと握りしめつつ無駄に後ろを振り返らず、両肩を周りの人と組みながら、一段一段踏みしめていく。そう考えたら、そこまで怖がる必要もないのかもしれない。

4月24日

小説の手直しが終わった。初めに印刷して読んだときは、結局読むというよりも直すので精一杯だった。とても読めたものではなかったから、一文一文手直しをした。手を加えることがなかったページは1ページもないくらいだった。それでもなんとか直し終えた。

ふと、この小説は誰のためのものだろうと考えた。親にもファンにもメンバーにも特に読んでほしいとは思わない。できれば読んでほしくないとすら思う。他の誰かの人生をこの小説で変えたいという気持ちもない。読んで元気の出るものなのかも分からない。『変幻』は特にファンには読まれたくないと思った。それでもこの小説が出版できればいいなと思った。

誰のため？　私のためだ。自分で自分の形を確かめるために書いたものだ。この小説は他の誰のためでもなく、自分のために出版したいのだ。

明日、手直しを加えた小説をまた印刷して読み直してみよう。

4月27日

私は小説家になりたいのか、またその資格があるのか、まだ分からなかった。ただ、自分の言葉を世に出すことの素晴らしさや喜びは、BiSHの活動を通しても知っている。私が小説をこの先も書き続けるかは自分で判断するものでもないのだろう。だから、それを確かめるためにも私はこの作品をちゃんと完成させて、世に出す必要がある。BiSHにいるうちに。解散する前に。何よりも自分のために。そして、BiSHのために。モモコグミカンパニーのために。

「本当に欲しいものは何だろう」

5月17日

ニューアルバム「GOiNG TO DESTRUCTiON」の特報のV撮影が一日中あった。「破滅に向かう」という解散を暗に示しているアルバム名だ。ここ最近、「解散」をより意識することが多くなり、ノイローゼになりそうなほどだった。空き時間にはメンバーのソロに関するマネージャーとの会話が目立つ。そんなことも、私の解散に対する意識が高まる要因の一つだった。

それと同時に、ずっと続く、モヤモヤしたものの正体の答えを無意識に探していた。帰りの車の中でふと、そのモヤモヤは「自分が本当に欲しいものは一体何なのだろう」という疑問に基づいているのではないかと思った。私の本当に欲しいものは何だろう。窓の外の移り変わる夜景を見ながら必死に考えを巡らせた。すると、その〝答え〟のようなものが頭の中で浮き彫りになっていった。

私は、どこにいても、誰と一緒にいても、どんな境遇であっても、【これが私なんだ】と言えるものが欲しいんだ。そして自分から湧き出たものを表現していきたいんだと思った。それは簡単なことではないし、時には苦痛すら感じるだろう。だけど、それはBiSHでもできていないことかもしれなかった。

BiSHでやってきたことは、ライブの歌のように私の身体から湧き出たものであっても、曲もビジュアルも、結局何もかも誰かが指定したものだ。歌詞だって私のものではなく、BiSHのサウンドを聞いて湧き出た言葉だから、BiSHのサウンドが生み出したものだと自分では思っている。

BiSHをやってきた中で、「これが100パーセント自分だ」というものはほとんどないのではないか。ライブでの生声以外に、一体何があるだろう。

そして、【これが私】というものが一体どれほど受け入れられるだろう。そんなものは、BiSHの活動を通して生み出されたものよりもきっと受け入れられないだろう。けれど、BiSHでこんなに人目に触れている今だってできていないこと。時折、自分に力があると錯覚してしまいそうになるけど、私は私でどんな力を生み出せるのか試してみたい。それを実現させるにはまだ自信はないし、沢山の人の前に立つことよりも恐ろしいことだと感じる。だけど、それができれば私は幸せだと心から言えるはずだ。なんとなく、そう思った。

5月20日

河出書房新社の編集者さんに小説を送ってから、10日近くが経った。「小説の感想が欲しい」というお願いを快く引き受けてくれていて、「今は別の案件もあり、少し返答が遅くなってしまうかもしれないがいいか」という話だった。誰にも読ませたことのない小説を誰かに読んでもらうということで、私は送った日から毎日その小説のことを頭の中で考えていた。送ってからまだ10日も経っていないことにとても驚いた。ここ最近グループで色んな仕事が立て続けにあったり、これからアリーナツアーも始まるということで、なんだか目まぐるしく、もっと長い間のように感じていたからだ。

私は、普段小説をはじめとする書物の世界で生きている人に自分の小説がどう思われるのか、気が気ではなかった。全然駄目かもしれない。まあそれはいい。初めて書いた小説なのだ。評価自体より怖かったものは、自分がこの先も書き続けられるのかどうか、その道が広がるか絶たれるかが、今回の小説にかかっているということだった。私は小説の魅力からもう抜け出せないような気がしていたからだ。

人の目は、世間の目だ。書く側の人間は、読者や世間を無視できない。私が書きたいと思っていても、世間が望んでいなければきっと書くべきではないのだ。もし、その道が絶たれた場合、私はこの先、書くこと以外にどこに重きを置けばいいのか、今はまだ考えられそうにもなかった。世間に小説を拒否され、その道を絶たれることを考えるだけでも恐ろしかった。

人は誰しも、何かに重きを置きながら生きているものだと思う。ある人には、それは仕事であったり、お金であったり、恋人、友人だったり、食べ物だったり、画面の中の誰かだったりと、人によって様々だろう。私の場合、小説を書くというのは、重きを置くことができそうなものの一つだった。だから、2作目以降も書きたいのなら、1作目はかなり重要なのだ。

本を書き始める前、私は本当に色んなものに重きを置きながら、あるいは依存しながら人生をなんとか歩んできた。お金になるものもあったし、ならなかったものもある。ならなかったものがほとんどだ。だけど、この業界にいる上で、その重きを置く場所、自分が情熱をかけられるもので対価をもらえるといいと思った。「お金を稼ぐためにやる」のではなく、「結果的にお金になる」という方がいいだろう。前者だと、お金の方に重きが置かれてしまう。同じように見えても、それでは、ずいぶん話が変わってしまう。とにかく私の理想は、後者だ。

「濁りながらも、透き通っている」

5月23日
今日はAKB48のライブをぴあアリーナに見に行った。柏木由紀さんと今度コラボする案件の延長で、BiSHのメンバーがAKBのライブを見に行くというYouTubeの企画も兼ねていた。AKBは昔からよく聴いていて、ライブ映像もよく見ていたけれど、いわゆる現場にいくのは初めてだった。最後の1期生である峯岸みなみさんの卒業コンサート翌日のライブだから、再出発という感じで、メンバーのみなさんはとても気合いが入っている——そんな前説がメンバーの方からあった。

48曲ノンストップライブということで、ライブはどんどん進んでいった。沢山の女の子がいて、沢山の曲が歌われて、沢山の衣装が見られた。本当に引き出しが一杯あるグループなんだなと思った。曲は、やはり恋愛ものの歌詞や、とても赤裸々な内容のものが多かった。メンバーと隣り合って一緒にそんな曲たちを聴いていること自体に気恥ずかしさを感じてしまった。今まであまり考えたこともなかったけれど、BiSHの楽曲は恋心を歌っているものが極端に少ない。一体私たちは何を歌っているんだっけ、と少し考え込んでしまったくらいだ。

明後日には名古屋の日本ガイシホールでのライブが控えていることもあり、純粋なお客さんというよりは、ついつい自分たちのライブと被せて見てしまうところもあった。

もちろん、どちらが上もどちらが下もない。AKBさんの今日のライブは素晴らしかった。王道アイドルという感じで、とても元気がもらえた。かわいくて、パワフルで、色んな顔を持っている。シンプルに、元気がもらえたのだ。この人たちはお客さんのために全力でパフォーマンスしている。

今日ＡＫＢさんのライブを見て、私が誰のために歌っているのかが、少しはっきりしてしまった。普段あまり意識したことはないが、お客さんのためというよりは、自分のために歌っているという方がしっくり来た。そうだ、私は自分のために歌っている。それは悪いことなのだろうか。いや、きっと誰かのために全力で歌うこともいいが、自分のために歌ったっていいはずだ。ライブで自分のパートを歌うことに対しての正解のようなものが分かった気がした。

人のために歌うのもいい。だけど、自分のために歌ってもいいんだ。もっともっと内面を抉《えぐ》り出したような歌い方をしてもいいんだ。それは人によっては、「汚い」ものだったり、「受け付けられない」ものだったり、単純に「下手」なのかもしれない。だけど、それでもいいんだ。きっとそれは、濁っているかもしれないが、濁りながらも、透き通っているからだ。

６月４日

最近何もかも管理されているみたいで、窮屈だ。カレンダー通りに私の身体も規則正しく進んでいって、立ち止まることも許されないみたい。

「人のために」

6月11日

日本ガイシホールライブの高額チケット購入者とZOOMで、一対一で話した。一人3分という短い時間だったが、その中に、駅員をしているという方がいた。「人のためになっている仕事ですね。私もいつもお世話になってます」という言葉をかけると、その人は「モモコさんほど人のためになってないですよ」と優しい笑顔で私に返した。そのとき、何故か私は涙が出そうになった。

「愛、愛、愛」

6月29日

只今、B･i･S･H主催の対バンツアー「BiSH'S 5G are MAKiNG LOVE TOUR」の真っ最中。昨日も今日も名古屋で、1日目は氣志團さん、本日2日目はマキシマム ザ ホルモンさんとツーマンをさせていただき、ライブを終えて、東京に帰ってきたところだ。5Gツアーには、長年活動を続けている名だたるバンドさんたちが名前を連ねていて、私たちが肩を並べてしまってもいいのかと初めは少し引け目を感じていた。しかし、それぞれのバンドさんがそんな私の心配を感じさせる隙もないくらい愛をもってB･i･S･Hと接してくれた。学ぶこともあり、感謝もあり、本当に幸せなツアーだと思う。このツアーが始まってから、自然と「愛」というものについて考えるようになった。ツアーを通してまず気がついたのが、人と人との「愛」には沢山の形があるということだ。それぞれのバンドさんに私たちから関わりに行くこともあれば、バンドさんがサプライズでB i S Hの曲をやってくれたり、コラボを頼んでいただけたり。「愛」というか、私たちとの関わり方もそれぞれだった。愛には色んな形があっていい。そして、何よりも大切なのは、私たちがその愛を感じる心をきちんと持ち合わせていることなのかもしれない。

7月6日

今日は5Gツアー東京公演2日目、Zeep TokyoでCreepy Nutsさんと対バンだった。このツアーも、あとはラストの04 Limited Sazabysさんとの仙台公演を残すのみとなった。今回はセミファイナルということになる。R-指定さんがMCで「クリーピーナッツはクリーピーナッツ」「B i S HはB i S Hだ」と言っていたのが印象的だった。

今回のツアーは豪華なバンドさんばかりで、カッコいい、憧れる、という気持ちや、自分たちも何かを吸収したいという気持ちが最初の方は多かったけれど、最終的に突きつけられたのは、「自分のグループ」だった。遠い存在で普段交わらないようなキラキラしていて刺激的な対バン相手の皆さんとも仲良くなりたいと思った。しかし何より大切にしなくちゃいけないのは、そして一番向き合わなければいけないのは、自分たちのグループを形作るものなのだろう。メンバー、スタッフの方々、バックバンドの皆さん、足を運んでくれたお客さんたち、衣装、楽曲。いつもライブを行うときに、セットのように当たり前についてくると思ってはいけない、かけがえのないものなのだ。ツアーも終わりに近づいた今日、はっきりと再確認することができた。

7月11日
EJ MUSIC DAYS 2021 in 日比谷野音に出演。
『Nothing.』を披露した際、自分はここ最近ずっと「答え」を探していたのだと感じた。でもこの曲を作詞したときに思ったのは、答えも正解も、実は必要ないということだった。

9月19日
メンバーがソロ活動のことに関して上手くいかないことがあったらしくて、泣いていた。私にはかける言葉もなかった。同情もできなかった。自分のことで、ただ精一杯だった。

9月24日
2日間にわたったアリーナツアーの宮城公演が終わり、東京に戻ってきた。宮城公演は、8月にメンバーのコロナ感染で活動休止して以来の有観客ライブだった。それでもブランクを感じないほど、6人は一つになれていた気がする。B・i・S・Hチームの皆さん、会場に集まってくれたお客さんのおかげでもあるのだろう。声出し禁止やマスク着用でお客さんの反応が分かりづらくなったから、公演終わりはＳＮＳで必死にライブのハッシュタグを追った。私たちはよく意味もないことを楽屋で話したりするけれど、ステージ上ではほぼディスコミュニケーションだ。それでもステージ上の方がきっと分かり合えている。不思議だけれど。

遠征から重い荷物を持って帰って、部屋のカギを開けるとき、いつもその日のライブのことを思い出す。私は、ライブが楽しかった、幸せだった、と思うようになっていた。いつからだろう。昔は、家のドアの前で、重い荷物を持って、カギを差す気力もなく立ちすくむことがよくあった。悔しかった。納得いかなかった。思い通りに歌えなくて、それはお客さんにも伝わっているのも分かっていて、とにかく不甲斐なかった。消えたいと思っていた。昔は、達成感というよりも、そんな重くのしかかった自分への課題ばかりを感じていた。

今はそうじゃない。なぜだろう。コロナ禍でライブの貴重さを知ったから？　解散を聞かされたから？　違う。単純に自分を許すことができたからだ。モモコグミカンパニーのことも前より大切に思えた。今まで重ねてきた時間を信用できた。きっとそんなことの積み重ねなのだろう。最近、ＭＣで「ずっと」という言葉を聞くと切なくなる。時間は刻一刻と進み続けている。止めることはできない。

「早く、安心したいね」

10月25日

母親の誕生日も兼ねて、一緒に食事をしたときのことだった。

他のメンバーの活躍についてばかり話す私に、母は「まあ、それよりも」と小さなため息をついた。実際にため息なんてついていなかったかもしれない。でも、私にはそんな風に聞こえた。

「それよりも、あんたは？」

「へ？」と、私は気の抜けた声をわざと出す。

「そういう仕事は決まってないの？」

「決まってない」

母の誕生日だというのに、背中の皮膚を薄く刃物で切られたような、冷たくぴりついた空気がなんとなく流れる。そんなモノを断ち切るように口は乾いたまま動いた。

「私はさ、人前に立つのとか向いてないしさ、テレビにだって出たくないし。いいんだ」

半分本当。半分嘘。

「早く、安心したいね」

母が言った。

解散報告がされてから、私は誰にもそれを自分の口から漏らしていない。母にもひた隠しにしていた。それなのに、見透かされているのだろうか。安心したいね。心のどこかでいつも抱えているモヤッとした気持ちを言い当てられてしまった気がしてイラついた。

「別に？　安定を求めてたら、こんな仕事に最初からついてないって。私には何も期待しないでよ。好きに生きていくんだから！　もう！」

「そうだね、あんたは結局自分の好きに生きていくんだろうね。分かってるって」

なんだか悲しかった。もう大人なのに、まだ子供じみた態度を親の前でとっていることも、痛い部分を突かれてイラついていることも。

帰り道、自分に言い聞かせた。いいんだ。焦らなくていい。物事には順序というものがあるし、分かりやすいものが全てじゃない。焦る必要なんてどこにもないんだ。近道なんて良くないんだ。自分のことを信じよう。信じたい。もっとちゃんと、大人になりたい。

街に貼られていた映画のポスターの一つを、私は立ち止まって凝視する。ポスターに書かれたサインの筆跡をたどる。その新しく上映されている映画の監督は、私が大学で最初に入ったインカレの映画サークルにいた女の子だった。私は少しして辞めてしまったが、一緒に入った友人がそのサークルにコミットしていたので、内部情報は割と聞いていた。その子の名前もよく耳にしていた。新入部員にもかかわらず、その子は先輩に交じって自主制作の映画を熱心に撮っていた。その子が撮影した映画も見たことがあった。

ずっと映画を撮り続けていて、自分の作品をきちんと世に出している。

「ああ、この子はちゃんと、何者かになったんだな」

羨ましいと思った。悔しいという気持ちよりも、感動に近かった。ポスターの前に佇《たたず》みながら拍手をしたい気分だった。

「いや、本当に、ごめんな」

11月1日

渡辺さんの文春報道があった。渡辺さんは文春オンラインで記事が出る前に、事務所所属メンバーや関係者それぞれの仕事場に足を運んで、そのことを報告し、謝罪してくれた。BiSHのメンバーにも。私たちの仕事場に来た渡辺さんの報告に対し、誰かが言った。

「この際、メンバー全員でスヌーピーの被り物被ってSNSにあげちゃいます？」

「いや、それはなんのフォローにもなってないから」

まず、どうにか私たちで気の利いたフォローはできないか、という話になった。誰も、渡辺さんを責めなかった。報道されることは痛いが、渡辺さんは平気で下ネタを言うし、世間的にはそこまで驚愕するニュースでもないのかもしれない。でも、

「あんまり知られてないグラビアアイドルとかだったらまだよかったのに、なんで」

私はそう口にしていた。人間だから、間違いはある。同じ人間同士、誰のことも責めることはできない。そう思って、納得しようとしていた。だけど、その日は家に帰ってきても、やはり自分の中で、渡辺さんを責めてしまう気持ちが止まらなかった。はっきりとした理由は分からない。だけど、心のどこかで許せなかった。どうして？　何が許せないの

か。自分ではよく分からない。

2日後、事務所に行ってサイン書きをする時間があって、渡辺さんにも会った。私はそのとき、渡辺さんに話しかけられたにもかかわらず、顔も上げずに冷たい態度をとってしまった。

家に帰ってから、渡辺さんから久しぶりに電話があった。

「もしもし、渡辺さん、どうしたんですか？」

「さっき、様子おかしかったから。なんか、大丈夫？」

私を気遣っての電話だった。その優しい心遣いに、ありがたいと思うと同時に、

「いや、私の親も今回のことで心配してて。悲しいです。なんでなんですか」

気がついたら渡辺さんを責めていた。

「いや、本当に、ごめんな」

渡辺さんが謝る。理由も分からない涙が出そうになるのをこらえながら、電話を切る。電話を切って、冷たくなったスマートフォンをしばらく眺めているうちに、自分の中の本当の気持ちが浮き彫りになってきた。

渡辺さん宛てにメッセージを打つ。

【アイドルにはたくさんの応援してくれているファンがいるって渡辺さんが一番知っていると思ってました。だから悲しかったんです。私は渡辺さんを信頼して、これからも一緒に頑張っていきたいです。渡辺さんのことは嫌いになっていません。大丈夫です】

そうだ。私は悔しかったんだと、やっと分かった。今回の件で何も助けになるようなフォローができなかった自分が悔しかった。B・iSH結成から一緒に頑張っていた渡辺さんが世間にダサいと思われるのが悔しかった。

他の芸能人のこういう報道なんて何とも思わないのに、好きな人が嫌われて何もできないのは本当に悔しいことだ。私はたぶん自分に一番怒っていたのかもしれない。

すぐに返信が届く。

【ごめんね。ほんとにそうだよね。ごめんなさい】

メッセージの文字から、心から言っていることが伝わってきた。私なんかにも「ごめんなさい」と心から言う渡辺さんはやっぱり同じ目線に立ってくれるいいプロデューサーだと思った。

ニュースのコメント欄の「B・iSHがいなかったら注目されてない事務所」なんて文字が目に入る。私は違うと思う。WACKがなかったら、プロデューサーが渡辺さんでなかったら、今のB・iSHはない。メンバーや楽曲が同じでも、もし他のプロデューサーだったら、きっと今のB・iSHはない。そもそも私は本気で辞めようとしていたとき、渡辺さんに引き留めてもらったのだ。他の大人だったら、私なんか簡単に見放すだろうと思う。それなのに全力で止めてくれたのだ。

「『誰だこいつ』って思われるよね」

11月4日

日テレで打ち合わせ。その夜、母親に電話を掛けた。

「『スッキリ』のマンスリーMCに出ることになったよ。チッチと2人で」

「そう。よかったね。バーバも喜ぶよ。嬉しいね」

「いや、でもきっと誰でもよかったんだよ。ていうか、私じゃない方がいいような気がしてきた」

私は人の期待を感じると、自分を落としたくなる。

「せっかく選ばれたんだから。よかったじゃん」

「私がテレビに出ても、『誰だこいつ』って思われるよね」

「そんなことないよ」

「いや、私には本当に何もないから。申し訳ないわ。なんか」

「またそんなこと言って。じゃあ、何？　他の子には何があるの？　言ってみ？」

違う。今回の仕事のこととなんて関係ない。本当はただ、自分には何があるのか教えてもらいたかった。

「もういいよ。それだけ。バイバイ」

そう言って、一方的に電話を切った。

遠回りばかりで、子供で、いつも安心できそうな言葉ばかり探している。自分が馬鹿みたいだった。

11月5日

1月に出るシングルの『final shit（仮）』という楽曲が送られてきた。近々、レコーディングらしい。送られてきた歌詞に目を通す。「いつか終わりは来ちゃうから」、「サラバ……「いつかまたこの場所へ」」。えっ、これB・i・Sの最後のシングル『FiNAL DANCE』の歌詞じゃん、と思う。もう渡辺さんの中で、B・i・S・Hはそこまで来てるんだ。まあ、確かに、解散だから。そうか。

あーーーーーー。なんか、なんか、嫌だなと思った。その嫌だという漠然とした気持ちには、今は向き合いたくない。一度、深入りしてしまったら色んなものが溢れ出してしまいそうな気がした。

近日行う撮影香盤が届く。【B・i・S・H iS OVER】という文字と共に、私たち6人の広告が渋谷に大々的に出るらしい。

私はまたそこで思考を停止する。あーーーーーー。なんか、嫌だ。嫌だ、嫌だ。

しっかりとした終わりの文字。終わりの期日。自分たちのことなのに、なんだかそれらは文字にされると、他人事のようにも思えた。

「今日ほど幸せなことはなかった」

12月5日

マリンメッセ福岡公演2日目。

今日は、今年のアリーナ公演最終日だった。紅白に出場することが決定して、本当に沢山の人に祝ってもらった。私も今までお世話になった人たちに孝行ができるようで嬉しかった。

紅白出演決定から少し日が経ち、当日歌唱する曲も決定して、テレビサイズの『プロミスザスター』の音源が送られてきた。『プロミスザスター』が披露できることに関しては、とても嬉しかった。だけど、テレビサイズだから、いつものように2番ががっつり削られていた。私の歌割は2番だけだから、私は紅白で歌割がないということになる。いつもテレビサイズの曲では、歌割がないことが多い。でもだんだん仕方ないと思うようになり、もうほとんど何も思わなくなっていた。だけど、今回に関しては、仕方がないとは思えなかった。

avexの方に、勇気を出して心情を話してみることにした。

「紅白が決まって『おめでとう』と沢山の人に言われて、それなのに、自分が歌えないのが、裏切った気がして悲しい。もちろん仕方のないことだし、これからどうこうして欲しいわけではないんですが。紅白ではみんな歌えるだろうと自分が勝手に期待してしまった部分もあったからかもしれないですけど。とにかくファンの人と両親に『歌割パートがない』と思われるのも、考えるだけで悲しくて」

もちろん私がこんなことを言ったところで何が変わるということもないのは分かっている。ただ、こんな気持ちを抱えたまま紅白に挑みたくなかったから、言っておきたかったのだ。

「紅白おめでとう」と言われた友達に、「歌割ないかも笑」とLINEすると、「モモちゃんがテレビに出てるの見るだけで、楽しみだよ」と返してくれた。きっとそういう人も沢山いるのだろう。気を取り直そうと思った。確かに、紅白の舞台に立てるだけでありがたいことだとも思う。だけど、パートがないことは親にはどうしても言えないと思った。これで親孝行ができた、なんて思っていたからだ。

今日のライブは、両親が東京から来ることになっていた。私は、全員が話す最後のMCで、両親への言葉をこの場を借りて伝えようと考えていた。大勢の前で両親に何かを伝えるのは勇気のいることだったが、紅白の件も私の後押しをした。

「両親は、いつも私のことを心配しているけれど、私にはこんなに沢山の支えてくれている人がいます。だから、安心してほしいです」

こんな短い言葉だったのに、なぜか涙が込み上げて、いつも通りに話せなかった。だけど、テレビの画面越しよりも自分の声をダイレクトに同じ空間で伝えられたことが私は嬉しかった。

終演後、親からLINEが来た。

母からは、

「初めてあんなこと言ってくれてびっくりして嬉しかった。福岡まで来てよかった」

父からは、

「今日ほど幸せなことはなかった、ありがとう」

この言葉を見て、自分の中の罪悪感のようなモヤモヤが晴れていく気がした。

「解散発表」

12月24日

今日は朝の4時半に中野へビーシックゼロに集合した。前日は早めに布団に入ったのに、全然眠れなかった。解散の報道が先に出てしまい、ネットはすでにざわついていたし、解散発表をしてもお客さんはそれほど驚かないかとも思う。だけど、やっぱり自分たちの口ではっきり伝えるとなると、話は別だ。「B・i・S・H」と「解散」という言葉の組み合わせはまだ残酷に思えた。

初めてワンマンライブをしたこの場所で、セトリ（セットリスト）も当時と同じで、当時のチケットを持っていた、選ばれし6人のお客さんの前で朝からライブをする。日テレの『スッキリ』でもその模様を中継するため、総キャパ80人の地下の狭いライブハウスの割に合わない大がかりなカメラを持ったスタッフや大人が沢山いる。当時のB・i・S・Hのライブを見に来てくれていた6人のお客さんに会うと、この6年間BiSHから離れていたとしても、そんなこと抜きに、それぞれの人生を今まで生き抜いて再会できたことに感動した。

もちろん、BiSH結成当時はここで解散発表をするなんて考えもしなかった。うまく歌えなくて、理想の自分の姿とかけ離れすぎていて、悔しくて大泣きして帰った。そのときは、誰も私のことなんて見ていなかったし、誰一人褒めても、慰めてもくれなかった。

そんな中野ヘビーシックで、テレビ中継も入り、世間に注目されながら解散を発表できるのはなんて幸せなことだろうと思った。当時の自分たちでは考えられないし、ここまでステージにずっと食らいついて来れたことが当時の自分からしたら何より驚きだろう。

今の私は、昔よりも思い通りに歌えるようになっていた。歌割が来るのが怖くて仕方なくて、お客さんと目を合わせることもできなかったこのライブハウスで、しっかりとお客さんと目を合わせて、メンバーの声を聴きながら、自分の歌割が来るのも楽しみな私がいる。どういう風に歌おうか、と考えるだけで、ワクワクするのだ。

ステージに食らいついてきた。本を書いたことでも、おっちょこちょいなキャラでもない。私のBiSH人生は、ステージに真っ向から食らいついてきたこと、ステージ上に全てがある。そう思った。ステージに立つことは、苦しくて、痛くて、だけど、最高に生きている心地がしたのだ。

「散々眺めた夢の続き」

12月31日

今日は紅白歌合戦だった。沢山の人に祝福されるステージで、私も誰かのヒーローになりたいと思った。自分の身体は自分のものだけではないと強く感じていた。だからこそ、間近になって新しく与えられた「散々眺めた夢の続きが」のパートを力強く歌いたいと思った。

ステージ袖では、全員が緊張していた。渡辺さんや周りの関係者の方も「緊張してきた」と言っていて、私たちと同じような気持ちなのかもしれなかった。ＢｉＳＨを目当てにしてくれている人や、自分のことのように紅白出場を喜んでくれた人たちも同じく緊張しながらテレビを見ているかもしれない。

いつもＢｉＳＨのステージでは、自分の中で沸き上がった感情を歌に込めたいと思うことが多かった。でも、今日は違った。周りに名だたるアーティストさんが並ぶ中で、自分たちらしく、何と言われようが、ＢｉＳＨに愛をもって関わってくれた人たちのことを一身に背負ってステージに立とうと思った。解散発表もした今の私たちは、たった6人で数えきれないほどの人たちの夢や想いを抱えている。考えれば考えるほど、力がみなぎってきた。いつもは、人から何か期待されることがプレッシャーになったりして、負けてしまいそうになることの方が多かったのに、不思議だった。

2022年1月2日〜

12月29日

「解散したあと、どうするの？」

2022年1月2日

新年は、東京の実家に帰って、いとこ家族たちとも久々に再会した。みんなやっぱり紅白や解散の話題が気になるようで、隙あらば質問が飛んでくる。

私は「解散したあと、どうするの？　就職？」と訊かれて困ってしまった。

そんな風に断言できるものでもない。この世界に残りたくても残れない可能性もある。今は模索してる最中。

いとこの就職と友達の結婚に「おめでとう」と言うことはできたし、特に羨ましいとは思わなかった。そもそも、ＢｉＳＨの人生を選んだとき、「就職」や「結婚」といったものに縛られたくないという思いがあったのも事実だ。人生は誰にも決められたくないし、そういうものは私にとってはなんとなく〝ゴール〟と言えない気がしていた。

1月5日

代々木公園での「Ｂ·ｉＳＨ解散パーチー開会式」という名のフリーライブが終わり、次の仕事までの合間にアイナとリンリンと話しているとき、ふと紅白の話題になった。紅白に出てから、まだなお「歌が下手」などと言われ、外からバッシングを受けているみたいだった。実際、私たちが緊張したことも事実だった。「今日のプロミスだったらよかったのに」。そんな言葉も飛び交う。

でも、そのときの自分たちらしく全身全霊で歌ったことは事実なのに、どうしてここまで言われなくてはいけないのだろうと、私は煮え切らない気持ちだった。

「でも」とアイナが話し始めた。

「逆に、絶賛されなくてよかったかも。そんなことされたら、うちら調子乗っちゃってたかもしれないし」

確かに、と心から頷くことができた。こうやって非難を真に受けずに考えられるメンバーがいることがなんだか誇らしかった。モヤモヤが少し晴れた気がした。

そうだ。私たちは、これからも歌い続ける。今日、また次のツアーが発表され、沢山の人が楽しみにしてくれているのがSNSを介しても伝わってきた。

私たちを待ってくれている人がいる。

私たちはまだ成長できるし、ステージで歌い続けるための理由がある。

「味方だから」

1月18日

小説を出すという情報の解禁日だった。正午ぴったりにSNSで告知することになっている。食べ物が喉を通らないまま、居ても立ってもいられないような気持ちで、告知のタイミングを自宅で息を呑んで待っていた。告知がされたあとSNSの反応を見て、自分のことのように喜んでくれる人たちに感激した。私は小説を出すという事実をもって、無意識に周りに牙を剝《む》いていたのかもしれない。尖っていたという表現が正しいかもしれない。私は、今までの活動の中でなんとなく馬鹿にされているように感じていた経験、負の思いたちをこれを機に払いのけてやろうという気分だったし、周りからも祝われるというより、「どんなものか」と探るような、挑戦的なコメントが来ると思っていた。そんなこともあり、「おめでとう」の言葉に勝手に圧倒されていた。今日も渡辺さんと今後のことについて、WACKに所属するか他の事務所にするか、具体的な相談をした。話し合いの最後に渡辺さんが私の目をまっすぐ見て言った。

「これはみんなに言ってるけど、味方だから」

新しい業界に踏みだすのは、私にとって怖くて同時にワクワクもすることだ。どんなことが起こるか分からないけれど、書き続けたいから地道に頑張るしかない。それに、今日感じたこの温かさがあれば未知の道でも歩いていけそうな気がした。解散したからといって、この温かさがどこかに消え去ってしまうわけでもない。孤独になるわけじゃない。そう思えた。

だから、「ありがとう」。そう心の中で返事をした。

「女性の〝カッコよさ〟」

2月5日

私は物心ついた頃から、なぜか女であることへのコンプレックスを感じていたような気がする。

幼稚園の頃はそのせいで、毎日同じ濃いブルーのTシャツにハーフパンツというボーイッシュな格好をしていた時期もあった。別に男の子になりたいというわけではない。ただ、女の子である自分への劣等感というか、引け目のようなものを感じていたのだ。私は男兄弟に挟まれて育ったため、そのことも関係しているかもしれない。兄と弟が共通の話題で盛り上がったり、プロレスごっこを楽しめている輪に入れないのは、私が女であるせいだからだと思っていた。

それに加え、私は身長も低くて、どこからどう見ても女の子だった。思春期には、「可愛らしいね」と言われることへの抵抗もあった。「可愛らしいね」イコール「容姿が整っている」ではなく、「非力だね」と言われている気分になったし、そもそも自分の内面はいつもどろどろしていて、とても可愛らしいなんてものじゃなかった。「可愛らしいね」の一言で、自分を理解することを諦められているんじゃないかと、周囲の大人や友人に対して思った。髪の毛をショートにしたりスカートを穿かないこと、ボーイッシュであることは、私なりの自己防衛だったかもしれない。〝女〟を前面に出すのは、弱さをさらけ出すこと、または、男性に対する降伏のように感じていた。

しかし、ＢｉＳＨの活動を通して、私にまとわりついた女性コンプレックスは薄らいでいったように思う。ＹｏｕＴｕｂｅにあるＢｉＳＨのライブ映像についたコメントで、とても印象に残っているものがある。

【ＢｉＳＨには、女性にしか出せないカッコよさがある】

このコメントを見て私は、感動すら覚えた。

女性にしかない「カッコよさ」は確かに存在するのだ。それは、男勝りにすることでも、女性らしさを隠すことでもない。うまく言葉で表せないが、確かに私もＢｉＳＨに対して感じたことのあるものだった。

メジャーデビューしてから、「アイドル」という言葉を私たちに使われることを、周りの大人たちはかなり気にしていた。ファンの人もそうだったかもしれない。

「ＢｉＳＨはもはやアイドルじゃない」

露出が多くなったり、他のアーティストに認められるようになったりしてからは、もっとそう言われるようになった気がする。

私はこれを聞いて、なんとも言えない悔しさを感じていた。

アイドルだってすごいのに、どうして「アイドルはアーティストより格下」みたいな言われ方をされなくてはいけないのだろうと。

それまで地下アイドルとして活動していた自分たちの時間すら否定されているように感じた。

実力がある＝アーティスト
実力がない＝アイドル
と世間が認識しているということではないか。

その根本には、私が昔「可愛らしいね」と言われるたびに感じていた嫌悪感に似たものが隠れているように思う。

やっぱりあのとき感じていた「可愛らしいね＝何もできないんだよね」は少なからず当たっていたのではないだろうか。

BiSHに入って、女性のカッコよさを肌で感じることができた。言葉ではうまく表せないが、自分の性である女性のままカッコよくなれるということをグループを介して証明できたのは、私自身にとって革命にも近かった。

「帰巣本能」

3月17日
今日はアイナの大阪城ホール単独公演「帰巣本能」の日だった。

私は、高校時代の友人と大阪観光も兼ねて会場に足を運んだ。

ＢｉＳＨでも立ったことのある大阪城ホールでアイナはどんなパフォーマンスをするのか、とても興味があった。翌日は小説『御伽の国のみくる』の発売日でもあり、メンバーのソロを見て、刺激をもらいたいという気持ちもあった。

私は友人と、上の席のステージに近く、よく見える位置に案内してもらえた。

アイナは普段のソロではダンサーの方やバックバンドを携えてライブすることが多いが、今回は一人きりでステージに立つようだった。

だだっ広い大阪城の空間で、たった一筋の青い光がステージ上の彼女のことを照らしたとき、初期メンバーで一緒に歩いてきたアイナが一人で大阪城に立つなんて、すごく尊敬するし、誇らしかったのと、一緒にずっとやってきてくれてありがとうと感謝の気持ちが途端に込み上げてきた。一緒のグループにいるときはパフォーマンスの面などで、彼女の背中は大きく見えていた。でも、ステージ上の彼女は、ソロ活動からＢｉＳＨのオーディションに受かって初めて会ったときのように、一人の女の子に見えた。緊張しているかな。大丈夫かな。同じメンバーとして、見守る気持ちで、私はステージ上の彼女を見つめた。けれど、彼女が歌い始めるとそのわずかな老婆心のようなものは杞憂に終わることになる。彼女はちゃんとしたアーティストで、私は観客として純粋にステージに見入ってしまった。

自分らしい表現で、ステージで叫び、舞う彼女は美しいと思った。ステージ上のアイナは、こんなにも広い会場なのに、その空気を自分のものにしていて、とても息がしやすそうに見えた。私はそのことがとても羨ましかった。ステージ上のアイナはB・iSHのときよりも柔らかく、素直に見えた。

「B・iSHの呪い」は確かに存在するのかもしれない。私はふと思った。「呪い」といっても悪いものではない。それは、B・iSHに必要なものだ。だけど、その「呪い」のせいで、私たちは苦しめられることもある。上手く言葉にできないけれど、そんな翳《かげ》りのようなものが薄っすら共存しているのがB・iSHだ。

少し前、アイナが『FiNAL SHiTS』の振り付けのときに、「B・iSHの呪い」というような言葉を使っていて、私はかなり納得してしまった。メンバーの中で、この感覚は自分だけが感じているものではないと安心すると同時に不思議な気持ちになったのを覚えている。

しかし、その「呪い」はここには存在していないように思えた。〝クソアイドル〟も、泥臭い汗も涙も、攻撃心も、悲痛も、ここにはないだろう。

解散したら、みんなこんな風になっていくのかな。こんな風に堂々と、世界をもっともっと自分の好きなように蹴散らして。昔はそんなことできなかったかもしれない。でも私たちは「呪い」を取り払って、堂々と胸を張って、自分のやりたいことに突き進んでいっていいんだ。そう思った。私たちはもうクソアイドルじゃない。B・iSHの呪いなんて感じなくてもいい。どんなに泥臭い過去があっても、そんなもの、もう蹴散らしてしまっていい。

アンコールで披露した『スイカ』は、BiSHに入る前にアイナが作っていた歌だった。それを聞いて、彼女の当時の寂しさのようなものを感じた。

私もBiSHに入る前の自分を思い出した。

なんだ。本当は、みんなみんな、寂しかったのかもしれない。私たちは寂しんぼの集まりだったのかもしれない。

アイナはMCで、「孤独をもっと愛せる人になりたい」と言っていた。しかしそのことは同時に、これからも人を求め続けることでもあるのだろうと思った。

「声をきかせて　大きな声で」

3月26日

毎年恒例、WACKの未来を背負う人材のための合宿オーディションが始まった。しかし、その未来には自分がいないことを想うと、これまでの合宿の中で一番他人事に思えてしまう。それが悲しくもあった。

私はリンリンと1日だけ限定で参加することになった。課題曲の『FiNAL DANCE』を初めて候補生の子と歌い踊った。サビの「声をきかせて　大きな声で　意味ないことを」という歌詞が途轍《とてつ》もなく切なく胸に響いた。

私たちが解散で手放してしまうのは、予定調和のものでも、大げさな言葉やイベントでもない。何の気なしに通り過ぎ、表沙汰にもならないような、生産性がない〝意味のないこと〟なのかもしれない。あるいは、これまで気にしないように耳を塞いできたもの、たとえば批判や雑音も、きっと静まるに違いない。今は鬱陶しく感じるそんなものすら、愛おしく思えるのだろうか。

解散したあとは、どんなことでも〝伝説〟だなんていわれて美化されるに違いない。そんな中で、クソみたいな意味のないことは、私たちが泣き叫んだってもう解散後はきっと元のようにはならない。解散後にメンバーと他愛もないことを話したとしても、「解散したメンバー同士の会話」という点で、意味のないこととしては扱われないだろう。終わったら過去しか残らず、現在進行形の意味のない出来事や言動は二度と手に入らない。寂しいけれど、解散、最後というのはそういうことかもしれない。残されたB・i・SHでの活動。他愛もない、意味のないことも十分面白がって、噛みしめていく気持ちで、日々歩いていきたいと思った。

「過去になんて戻りたくない」

4月16日

「COLONiZED TOUR」和歌山 和歌山県民文化会館

行ったことのない県を回るツアー。

最近は毎回、目標を立てている。超個人的に。

今日は、言葉以外のもので伝えること。

言葉にならない想いを伝えること。

そして、思い切り、カッコつけること。

私はいつまで経ってもライブで振り切れないのが悩みだ。もっとカオスな声色で歌いたい。

後から後悔してももう遅い。そんなの分かってる。毎回が貴重なんだ。分かってる。

どんな自分でステージに立てば、悔いが残らない？　やりきったって納得できる？　何かを残せる？

最近はそんなことばかり頭で考えてしまう。

いや。そんなことばかり考えていたら、きっと何も手につかなくなってしまう。毎日はやることに溢れているから。感傷に浸ってばかりじゃいけないから。

楽屋でダンスの指摘を受けた。

またプライドが邪魔してくる。

ありがたいはずなのに、全然変わってないことに心底嫌気がさす。

こんな自分が嫌。でもだからこそ、ライブや表舞台ではその分貢献できるようになりたいと思ってきた。ＢｉＳＨのライブで何かプラスになりたいと思った。

ホントにみんなに迷惑かけてばっかりだし。

毎日、ごめんねとありがとう。

と、やるせなさ。

過去になんて戻りたくない。もう一度やり直したいなんて思えない。辛かったから、やりきったから、頑張ったからだと思う。だったら、今も毎回をもがき切ればいいのだろうか。そしたら、なくなった後でも戻りたいとは思わないだろうか。

ユカコから『御伽の国のみくる』の往復返信ハガキが届いた。

みんなすごいな。ちゃんと自分の人生生きてて、偉いな。

「偽物の安心」

4月17日
メンバーとか、歌とか、ダンスとかに少しでも嫌気がさして、一人でじっとしていたいなんて思うたびに、解散するし、終わりはあるし、と思い、私は安心する。
この安心は偽物の安心だってことは分かっている。あとから追ってきそうな、どうしようもない感情から逃げようとしているだけかもしれない。

4月22日
次々発表されるライブ日程に、身体が追いつかない。みんな一緒だ。みんな私よりも大変だ。そう分かっているのに。セトリの話になっても、もう全てがどうでもよく思えてくる。そんな自分も嫌だ。

お客さんには、解散前一度きりしか来られない人もいる。そう言われても、私はＢｉＳＨに、モモコグミカンパニーに、疲れた身体のまま、時には鞭を打って何度も向き合わないといけない。

こんなにどうしようもない自分なのに、ライブでは「光」とか「生きて」とか良いこと言って、あーあ。

「戦う場所」

4月23日

「COLONiZED TOUR」福井フェニックス・プラザ

リンリンがオーケストラの前のＭＣでふいに「もうこれで最後って人もいるかもしれないけど」と言った。そんなこと分かっていると思っていたけど、いざお客さんを目の前にこの言葉を聞いてハッとした。目の前にいるこの人たちを、この空間を目に焼き付けたい。そう思うのと同時に、ＢｉＳＨのステージに立つ自分に会えるのも、あと何回だろうと思った。キレキレに踊るメンバーを横目に見たり、イヤモニの中で響くメンバーの歌声を聞くと、未だに、ライブ中に「私なんかがここに立っていていいのか」と思ってしまうこともある。だけど、こうも思う。自分の足跡を、傷跡を、役割を、他のメンバーにはない色を、絶対にこのステージに刻み付けようと。そう思ってステージ上で歌う、話す、踊る。今までよりもファンの人の表情を見たいとも思った。

何にも代えられないものは、多くはないけれど確かに存在する。それが私の人生の核だ。その中にはBiSHのファンと、メンバーに囲まれたステージ上の自分も含まれている。この先、ステージに立ち続けるメンバーもいるだろう。だけど、それでもBiSHのステージに立てる回数のカウントダウン、タイムリミットは平等なのだ。そう、ステージの上ではBiSHはスキル云々《うんぬん》にかかわらず全員が平等だ。みんなが人生をBiSHに捧げているから。

逃げ腰になっていた自分を蹴りたい気持ちになってきた。かけがえのないもの、BiSHのステージがなくなったときのことを想うとぞっとしてしまうのも事実だ。BiSHのライブに、悲しい切ないという気持ちばかり持ち込まないで、真摯《しんし》に向き合うためには、まだ、もう少しの焦りと頑張りが必要なのかもしれない。だから書く方も精一杯取り組みたい。BiSHに甘えちゃ駄目なんだ……。そうだ、私にとってBiSHって甘える場所じゃなくて、戦う場所だった。目一杯生きる場所だった。そうだ。そういえば。ずっと前から。

4月24日
福井に1泊して、朝の7時にホテルを出発。そのまま、SEKAI NO OWARIさん主催の対バンフェス『THE PARADE』が行われる幕張メッセまで直接移動する。身体は疲れているし、みんな若干寝不足だけど、私はセカオワさんを学生時代からずっと聞いていて好きだし、心は元気だった。この日のセトリは私が考えることになり、MCで一人で話す箇所は、直前まで悩んでいた。

これが、公演前にMCをスマホでメモしたもの。


皆さん楽しんでいただいてますか?

「終わり」という言葉を聞いて悲しかったりネガティブなイメージを受けることがあります。だけど、SEKAI NO OWARIさんの「終わり」からは何かがまた生まれる始まり、光を感じられる、特別な終わりだと思っています。

これだけ沢山の人がいて、出会えて、その上で同じ空間で同じものと出会う。本当に色んな物事がある中で一つの何かに向かえるってことはある意味幸せなことなのかなと思います。それが終わりだとしても。今日出会ってくれた人、ここにいる皆さん、このライブの時間が終わって今日でサヨナラって終わりじゃなくて、皆さん一人ひとりの心の中でこの時間が終わった後もまた明日に繋がるように、特別ななにか新しい始まりを心の中に迎え入れてもらえていたら嬉しいです。残り少ないですが、最後までよろしくお願いします!


MCを任された箇所は『FiNAL SHiTS』の前だったから、セカオワさんの「終わり」と私たちの「終わり」を掛けた内容にしようと思っていた。この日、チケットは完売で、お客さんは後ろの方までパンパンだった。こんなに大勢の前で、踏み込んだことを一人で話すのは、ワンマン以外では久しぶりだった。だけど、対バンだから、暗くなりすぎず、うちらの私情を挟み込みすぎず、あくまでも見に来てくれているお客さんのためにと考えたつもりだ（例えば「解散」という言葉を使わないこと）。頭が真っ白にならないように、楽屋の外の廊下を歩きながら、話す言葉を何度も口ずさんだ。

マキシマム ザ ホルモンさんのあと、出番になった。後ろまで埋まっているお客さんに、私は序盤面食らってしまった。

だけど、このお客さんの集団だって一人ひとりの集まりだと思うと、だんだんと緊張がほどけていった。それに、私たちのことを初見の人も多いだろう。そういう人たちにも衝撃を与えたいと思った。縮こまっている場合じゃない。

ライブが終わると、セカオワのメンバーさんたちが話しかけてくれて、MCのことも褒めてくれた。嬉しかった。絶望して、一回終わりに直面してから、また独自の音楽を作り上げたバンドさん。そんなセカオワさんとBiSHで共演できてよかった。

「息のしやすい場所」

4月25日

『御伽の国のみくる』を出版してから、ありがたいことに、「原稿を書いてください」と言われることが以前より増えた。今日見たネットニュースには、「文才」という言葉が私に対して使われていた。自分に文才があるのか、ないのか、そんなことを考えている暇があったら、手を動かすべきだ。そう分かっているのに、最近原稿を書くのを渋ってしまうことがある。良いものを書かないと、と自分の中でハードルを上げてしまっている。キーボードの上は自分が一番息のしやすい、居場所だったはずなのに。

5月2日

5月半ばに1週間近く休みが取れそうだ。その間に、次の書きかけの小説のプロットを完成させたいと思っている。

私の好きな世界は小説の中にある。味気なくあっさりと過ぎ去ってしまう現実と重ね合わせながら見ている夢が混ざりあう、曖昧な世界。

小説を書いてから、自分の好きな世界が「小説」という形で現実になった。そんな自分の作った現実に出会って、以前より少し生きやすくなったように感じる。

「強く生きてください」

5月5日

続々と届くファンレター、SNSのメッセージ、『御伽の国のみくる』の往復ハガキ。色んな人からの沢山の想いに囲まれながら、その全てに応えることはできない。明日死んでしまうと分かっている人にはみんな優しくするし、想いを今のうちに届けたいと思うだろう。

解散発表をした今の私たちに一種の希少価値があるのは分かるし、ＢｉＳＨやモモコグミカンパニーは一人ひとりの中に大切に置いてくれているのだろう。だけど、私の身体はどう頑張っても一つしかない。受け止めるだけで、最近は手一杯になってしまっている。

無言のうちにも感じる、人からの想いの圧。

私はＢｉＳＨなんだから、もっと強く強く、強く生きていかなきゃと最近よく思う。だけど、疲れた疲れた疲れた。毎日そう思ってしまう。時間は限られている、もっと万全の身体でライブしたい。強い精神でいたい。そう思うのに、身体と心が弱っていて日々もどかしい。

これからお世話になったライブハウスを回る「FOR LiVE TOUR」も始まるのにこんなんでどうする、と自分で自分を追い詰めている。今自分がどんな風に、何を感じて、どこに重きを置きながらＢｉＳＨの仕事に向き合っていけばいいのか、正直、よく分からなくなってしまっていた。

「強く生きてください」

ステージ上でそうチッチが煽っているのを聞いた時、私は強く生きるなんて無理だ、もう頑張れないと心の中で思った。思ってしまった。

今の自分は弱いまま生きている。今の自分に強い精神力はない。日々の仕事と数々の人からの想いで、たじたじになっている。それでも生きている。それが今の私の等身大だ。

そんな私で、今はいればいいんじゃないか。そんな気がした。

「みんなのことが全然分からなかった」

5月6日

Huluの配信番組『BiSH iS OVER!』の企画で、渋谷で聖地巡礼の撮影。アイナ、ハシヤスメ、チッチ、私で、オーディションが行われたOTOTOYを訪問して、結成当初からインタビューでもお世話になっている飯田さんも含め、当時の思い出話。チッチが「あの頃、みんなのことが全然分からなかった」と言った。「特にモモコは(笑)」と。

私は、練習終わりもみんなと一緒に帰らず先に一人で帰ってしまっていたし、大切な話し合いの輪に加わることもできなかった。

どうして肝心なところでいなくなってしまうの。そう言われたこともあった。単純に、向き合うことが怖かった。自分が壊れてしまいそうだから必死に守っていた。逃げていたんだと思う。でもそんな関わり方がそのときの精一杯だったのだ。私も一緒だった。みんなのことが分からなかった。

だけど、私が避けてきてしまったこと全部、言葉にしなかったこと全部、きっとみんな分かろうとしてくれていた。今になって振り返ると分かる。

本当のところ分かり合えたのかとか、そんなのよりも、理解しようとしてくれることとこそが愛なんだと思った。

当時の私たちは、分かり合おうとすることに苦しんでいた。分かり合おうとする苦しみが、一人ひとりの中にあった。今はその事実が一番の救いに思えるから不思議だった。

「うちら、もう大人だね」

5月8日
「COLONiZED TOUR」青森 リンクステーションホール青森
今日はチッチの誕生日当日でもあり、会場にはチッチ推しが沢山集まっていた。アンコールの『ALL YOU NEED IS LOVE』では、2階席まである会場が青のサイリウムで埋め尽くされた。
チッチが子供みたいに無邪気に笑っているのを見ると安心する。自分もその笑顔に貢献したいと思う。
ライブが終わって、チッチの誕生日祝いも兼ねて、メンバー、バンドメンバーさん、ライブ制作さんでご飯を食べに行った。そのあと、アイナ、チッチ、私で、ホテルまでタクシーで帰った。車内で「うちら、もう大人だね」なんて話したり、ホテルの近くにある証明写真で、3人でプリクラみたいに写真を撮ったり、なんだか友達みたいで楽しかった。私は、こうやって初期からずっと一緒にやってきた2人と一緒の写真の枠に入ると、仲間に入れてくれてありがとうという感謝の気持ちが込み上げてくる。

この2人だったら、私がもし悪いことをしてもたぶんBiSHでいる限り見捨てはしないだろう。逆も同じだ。

そんな信頼感がある。

そして、一緒にこうやって肩を並べていられるためにはやっぱり私もちゃんと頑張らないといけないないなと思う。

5月13日
ちょっと待ってよ……。

私はまだ、みんなに思ったことをはっきり言えない。昔の方がまだ怖いものなしで堂々としていたかもしれない。

昔と今は違うだろう。昔の自分たちと今の自分たちの見られ方も。

だって7年も経った。

昔の自分たち、今の自分たち。

私は、何もできなくて、いいところも何もない。そんなスタートだったけれど、この7年間で、私だっていいところができたはずだ。なのに、未だにずっとずっと怯んでいる。

どうして?

堂々としているように見える子も蓋を開けたら同じように怖がっていたりして、なんだ、みんな怖がってただけじゃん、なんてこともある。

私が怖いことはみんなだって怖い。みんなができないことに一歩踏み込めるのが強さだと思う。

「その子はこうなんだ」と決めつけて、現在のその人を見ようとしないのは、浅はかで愚かだ。でもたぶんみんな決めつける方が楽だ。けれど、それだとどんどん垢《あか》が溜まっていくばかりだ。グループも、自分も。

それと同じように、今の自分に目をつぶるのだっておかしい。自分自身をはっきり見つめることも大切だ。今の私はどんな状態なのか、しっかりと理解していくこと。

「自分の傷は自分で」

5月21日
「FOR LiVE TOUR」大阪 なんばHatch
ライブハウスは息苦しい場所だという気持ちが大きかった。

温かい場所だ。だけど、苦しい。

私たちがここに立つのは最後だと、出会う人たちが思っても、どんなふうにいるのが正解なのか。笑うべきか、ただあの頃みたいに無我夢中になるべきか。

ライブ中も考えていた。結局、答えは出ない。

お客さんの声がない分、客席から雰囲気を探ろうと必死になった。

あの頃の私に客席を見る余裕はなかった。今は違う。

『BROKEN』のアウトロのドラムは、私たちの心臓の鼓動のように感じる。あるとき、パッと消えてしまうような。

『BROKEN』の前のMCで、アイナが話していた。

「愛は奪い合っていては生まれない」

『BROKEN』には、膝をステージにつく振り付けがある。その振りの際に擦りむけた膝に、帰りの新幹線の車内で絆創膏を貼った。こんな風に、自分の傷は自分で封をするしかないのかな。そんなことを考えた。

5月24日

「FOR LiVE TOUR」静岡 LiveHouse浜松窓枠

あの頃からなくなってしまったもの、それはお客さんの声だ。どれだけ熱量を注いでも、返ってくるものは私たちが感じるしかない。

色とりどりのペンライトは私たちのライブにはそこまで必要ないと思った。

6人の中で誰が好きか、そんなことよりも、この空間にいること、対面していること。それが最重要なんだ。

「限りのある声」

5月26日

「FOR LiVE TOUR」広島 SECOND CRUTCH／BLUE LIVE HIROSHIMA

今生きている。その限りのある声に正解はない。だから、大切に歌えばいい。見かけだけだっていい。

楽屋で他愛もないことで笑えるのって、とんでもなく贅沢。

以前、「LiFE is COMEDY TOUR」という、冒頭20分のコントで始まるツアーがあったのを思い出す。私たちのコントに本気で笑っていた人が何人いたのかは分からないが、良いツアーだった。自分たちが笑えているのだけでも割と大変なのに、人を笑わせるってすごいことだ。エンタメを提供するのは、とても体力がいる。

誰かのために歌うこと、笑うことの意味について考えた。

自分にエネルギーがなかったとしても、誰かを本気で勇気づけようとかそういう気持ちでいると、ないはずの力がどこかから湧いてくるから不思議だった。

「小さな恋のうた」

5月28日

「MONSTER biSH 2022」初日 香川 さぬき市野外音楽広場テアトロン

今日は真心ブラザーズさんとＭＯＮＧＯＬ８００のキヨサクさんと一緒。キヨサクさんと『小さな恋のうた』をコラボした。もちろん知っている曲だったけれど、美しい言葉の連なりに改めて感動した。言葉を大切に歌うことは、歌を大切にすることでもあるだろう。

ライブ終わりに、野外で軽い打ち上げがあった。

私はキヨサクさんに、『小さな恋のうた』の歌詞について、思い切って聞いてみる。

「書いたのは10代の頃だったらしいですが、本当の気持ちを書いたんですか？　本当の気持ちがなくても、きれいな歌詞って書けるじゃないですか」と。

キヨサクさんは「本当だよ」と言ってくれた。

私はとても安心したし、勇気をもらった気がした。こんなに沢山の人の心を打つ歌詞はたった一人の少年の心から始まったのだ、と。無駄なことってないんだな、と。

最近のバンドは打ち上げをせず、コンビニでご飯を買って一人で部屋で食べることが多いようだ。こんなご時世ということもあるが、打ち上げではYO-KINGさんとキヨサクさんが戯れあったりしているところを見られたり、レジェンドのような人たちも同じ人間なんだなと身近に感じられたりする。やっぱりこういう場でしか学べないことってあるはずだ。

5月30日
朝の飛行機に乗って、高松から東京に帰ってきた。5泊6日の長い遠征だったので、久しぶりの東京だ。
高松も暑かったけれど、東京は遠征前よりもカラッと暑く、夏がどんどん近づいている。

ＳＮＳを開くと、ＥＭＰｉＲＥの突然の解散発表が話題になっていた。ＢｉＳＨは渡辺さんから事前に報告を受けていて、メンバーはそのままで、グループ名やレーベルを変えてまた始動することは知っていた。ＥＭＰｉＲＥは最初からＷＡＣＫとａｖｅｘから誕生したグループだったので聞いたときは驚いた。しかし、渡辺さんたちもそんなに大きなことを変えるくらいＷＡＣＫの未来を考えているのだなと、なんだかこっちが焦る気持ちになった。

父から、作家さんのインタビューが載った新聞記事の画像がスマートフォンに送られてきていた。その作家さんの半生と書くことへの向き合い方が書いてある記事だった。私のためを思って送ってきているからありがたいはずだが、親から自分の未来を不安がられているのだろうな、と深読みして焦燥感が襲ってくる。

また、父から言われた「解散したら今の１００分の１くらいでしょ」という言葉を思い出す。だけど、「１００分の１」と言われたときと今は違うだろう。私なりにあの日からもがいてきた。少しかもしれないけれど、確実に歩いてきた。だから、これからも今までと同じように歩きながら、一つ一つ集めていくしかないんだろう。私の道は私でしか歩けない。そんな風に思って、焦る気持ちを押し込んだ。重いキャリーケースを引きずりながら、立ち止まった。東京の夏だって、まだまだ始まったばかり、これからなんだから。

「全てが移り変わっていっている」

6月7日

「FOR LiVE TOUR」東京 WWW

久しぶりに立った渋谷のWWWのステージは小さく思えた。あの頃はもっと大きかった気がする。

楽屋に入ったあと、おばあちゃんの弱った動画が父から送られてきた。少し前まではもっと元気だったのに、最近弱ってしまっていて、介護施設に入るらしい。

リハーサルでシーケンスを流すと、「ファーストアルバムに収録されている『MONSTERS』よりも、最近出た『愛してると言ってくれ』の方がずっといい音がする」と、ライブ制作の佐藤さんが教えてくれた。そりゃあ、7年も経ったらそうだよね。確かに。

当時の衣装は全員難なく着られているけれど、それは見かけだけで、きっと全てのことが移り変わっていっている。昔のままではいられないんだと思った。

あのときのお客さんと、今日目の前にいるお客さんだって違う。

昔高校生だった子は、『御伽の国のみくる』の往復ハガキで、今年結婚するんだって報告してくれた。

なんだか、置いて行かれてるような気持ちになった。

ライブ中、あの頃のお客さんのことを考えたりした。あの頃は、名前も性格も一人ひとりよく分かっていた。声も、聞こえていた。

今のお客さんは？　どんな性格でどんな声をしているのか、私には分からない。

6月8日

「嫌いな食べ物は？」「ありません」

「ねえ、モモコはどう思う？」「みんなに合わせます」

「どっちの味方なの？」「私はどっちの味方でもあるよ」

私は、今までずっとこんな感じだった。平和と平等が一番だと思っていた。だから、空気が悪くなるくらいなら一人で我慢した。何事もはっきりしないし、優柔不断。こんな性格のせいでいじられるし、舐められるしで、大変なときもあった。モモコグミカンパニーでいるときもなるべく個人的な趣味は言わないようにしていた。誰かを好きだとか、どんな音楽が好きかとか、そんなことを公表すれば、その分近寄りがたくなる人がいるし、ファン層を狭めてしまうと思っていた。

でも、自分の生き方が間違いだったとは思わないし、それこそ正義だなんて思っていた。けれど、最近そんな生き方ではいつか自分を見失ってしまう、と思うようになってきた。

解散という期限が決められた中で、モモコグミカンパニーの色、生き方の色に少し迷うようになってきていた。何を大切にして有限な時間を過ごしていくべきか。期限が決められていて時間が無限でないなら、嫌いなことも好きなことも平等だと均《なら》していくよりも、嫌いなことを嫌いと認め、好きなものをもっと大切にしていく方が合理的だと思えてきたのだ。

こんな風に考えが変わるなんて考えてもなかった。

「なくなるものがあるのは当たり前だ」

6月9日
「FOR LiVE TOUR」岐阜 CLUB ROOTS
楽屋で疲れて誰も話さない。
なんとなくギスギスした空気を感じる。
だけど、ステージに立つと私たちは変わる。
それが最近は確信になった気がした。

なくなるものがあるのは当たり前だ。

全部全部、今あるものはいつかなくなってしまう。それでも、なくなった時に、悲しいとか、打ちひしがれてしまっても、そんな感情を持てるほど大切なものに出会えたということに感謝したい。

6月12日
「COLONiZED TOUR」三重 四日市市文化会館
一緒に死ぬということは、一緒に生きるということ。
もっと素直になりたいのになれない。
もっと仲良くしたくてもできない。
離れたいのに離れられない。
本当に大切なものはなんだ？
辛いのは自分だけじゃない。
分かるよ。
誰かが笑っていたら陰で誰かが泣いている。
そんなもんだよね。
助けあわなきゃいけない。
だけど、どうもキャパオーバーらしい。
どうやって助ければいい？
分からない。
オーケストラの2Aメロで振り向いたら、黄色のサイリウムが星みたいだった。

6月13日

「今後は何していきたいと思ってるの？」

大して興味もない様子で聞かれる。

「また本とか書けたらいいなと思ってます」

「へえー」っていうその感じから、期待されてないんだろうな、どうせ無理だと思われているんだなと感じる。もうこういうの懲《こ》り懲《ご》り。

じゃあ、あんたは？

明日は？　その次の日は？　1年後は？

今あるもの、この言葉だっていつかなくなってしまうし、不安なんてみんな同じように抱えているはずなのに。しょうがないけど、未来のことばかり聞かれるとそう思ってしまう。

6月18日

「COLONiZED TOUR」大分 iichikoグランシアタ

楽屋で泣いてる子がいるし、だけど、今はやるしかない。

『My landscape』の最後、足を上げて一筋のスポットライトを見つけたとき、こうやって終われたらいいな、なんて思った。

伝えられるはずだ、と思った。

見ろ！！！！！　って、

これがうちらだ！！！！！　って久々のこの感じ。

写真を撮る暇もないくらい見入ってほしいと思った。

6月19日
「COLONiZED TOUR」宮崎 宮崎市民文化ホール
12カ月連続リリース、個人仕事、ツアー2本。やっぱりパツパツで、楽屋ではまたメンバーが泣いてる。

スケジュール通りに時間は進んでも、うちらは人間だからやっぱりそんなにうまくはいかない。

今ってみんな辛いんだな。

誰かが泣いてると、心のどこかで「自分だけじゃないんだな」と安心してしまう部分もある。

だけど、泣けるなら、まだうちらは終わってないって思った。

涙を隠しているよりも泣いてしまった方がいい。


「どれだけBiSHでいられるか」

6月21日
「FOR LiVE TOUR」東京 代官山UNIT／LIQUIDROOM

今忙しくて辛い状況だけど、デビュー直後、２００キロ駅伝の次の日にここでワンマンライブをして、筋肉痛で階段も登れなかったことはすごく覚えている。

でもみんな一緒だったから、その状況がなんだか楽しかったのも覚えている。

思えば、今だってそのときの状況と似ている。

昨日の『明石家紅白！』という番組の収録で、「解散が決まっているグループはどんなことを大切にすべきか？」という私たちからの質問に、ＤＡＰＵＭＰのＩＳＳＡさんが「どれだけＢ･ｉＳＨでいられるか」と答えてくれた。

それを聞いてから、Ｂ･ｉＳＨとは？　モモコグミカンパニーとは？　とぐるぐると考えるようになった。

Ｂ･ｉＳＨのモモコグミカンパニーだから、ステージに立ってパフォーマンスをする。まずこのことが思い浮かんだ。どんな顔をしているか、どんなキャラでいくか、そんなことばかり気にしていた気がするけど、単純にステージに立つ、これがＢ･ｉＳＨのモモコグミカンパニーなのかもしれない。元気でも、元気じゃなくても。

「宝物」

6月28日
「FOR LiVE TOUR」長野 ALECX
最初に来たのは「Less Than SEX TOUR」のとき、２０１６年らしい。

ライブハウスではお客さんとの距離がすごく近いと感じるけど、あの頃は目を合わせられなかった。

こんなに近いのに。逆にお客さんの目を見ない方が大変なくらいなのに。

でも今は、目の前で涙ぐんでいるお客さんの顔に笑いかけることができる。

やっぱり昔とは違うなと思う。

帰りのガラガラのあずさに乗って、その号車にメンバーとスタッフさんしかいなくて、みんなであーだこーだ他愛もないこと話してると、修学旅行みたいで楽しい。

親が、この前楽屋挨拶のときにメンバー全員と撮った写真を送ってきた。〝宝物だ〟というメッセージを添えて。

その写真の中の自分は輝いて見えた。確かにこれは宝物だと思った。

最近まで、自分と2ショットやチェキを撮りにくる人の気持ちがよく分からなかったけど、今はなんとなく分かる。B・i・S・Hの私には普段の私とは違う価値がある。そう思うとやっぱりグループを離れるのって少し怖いな。

6月29日
「FOR LiVE TOUR」石川 金沢AZ
AZの社長さんに、「モモコさんは何歳になったの?」と聞かれた。
5年前に来た時に一緒に写真を撮ったスタッフさんは白髪混じりになっていた。

それくらいの月日が経っていたのを思い知らされた。
思い出深い場所ほど、切なさが漂《ただよ》う。

帰りに、大学時代のゼミの教授から面白いレポートがあったと、ネット記事のリンクが送られてきた。活動休止を発表したBTSのRMの【アイドルというシステムは、人に成熟する時間を与えない】という発言から派生したものだった。
「レポート送ってくださってありがとうございます！　すごい考えさせられましたm（＿＿）m　たしかにアイドルって忙しすぎたりして頭も働かなくなってくる。だけど、それでも応援してくれる人がいるから自分が空っぽになっていてもそのことに気がつけないよな、なんて私も思っていたところです……」
そう返信した。

「完璧じゃなくても一つになろう」

7月3日
「COLONiZED TOUR」鳥取 鳥取県立倉吉未来中心
今日は鳥取でツアーファイナルだった。私が、長いMCで話すことになっていた。ライブ前に話したいことを箇条書きでメモした。

・ツアー用の衣装もあって、行ったことない場所に行けて、バックバンドさんもいて、毎回たくさんのお客さんがいる。本当に贅沢なツアーだった。
・だけどそんな中、全部が全部完璧じゃないことの方がもしかしたら多かった。
・完璧じゃなくてもみんなで補って完璧にしていけばいいんだ。そんな、グループとして当たり前なことを思い知らされた。
・完璧じゃなくても私たちが一つになろうっていう気持ちがライブを作った。
・誰かに手を差し伸べることも、誰かに助けを求めることもどちらも勇気のいること。
・例えば誰かが泣いてて、それを他人事だと思ってしまったら自分は安全だし、楽かもしれない。だけど、一つになる、とか、みんなで肩を組んで歩く、とか、そんな単純で難しいことが今の私たちにとって一番大事なことだった。そんなこと一つ一つで乗り越えられたツアーだった。教えられたツアーだった。
・自分と向き合うことも人と関わっていくことも本当に大変だなと思う。それでも人と一緒じゃなきゃ乗り越えられないものがある。自分じゃなきゃできないことがある。
・最近は、なにかを残すということに目を向けがちで、シャッターを切るのに忙しい人もいるかもしれないけど、何かを残す、よりも今ここにいる喜びだったり、皆さんが感じた一つ一つを大切にしていってほしいし、私も大切にしていきたいなと思う。

「棘の中の優しさ」

7月4日
「FOR LiVE TOUR」神奈川 YOKOHAMA Bay Hall

愛。

そこには棘々しさ、優しさが隠れてる。

どちらも誰かを守るための武器だ。


解散後、表に出るか出ないか。最近はそんなことばかり考えている。表舞台に残るにはやっぱり覚悟が必要だ。今はB・i・S・Hとしている覚悟ができている。だから自分は表に出ること、少なくともB・i・S・Hのステージに出ることは許されていると思う。

でも普通に働く生活に戻るとしたら、今やってることって何なんだろう。ふとそんなことも頭を過《よぎ》る。

終演後、渡辺さんから第2期B・i・S・Hの話があった。

渡辺さんも当たり前だけど、全員、自分の将来について頭が一杯なのかもしれない。私も日々、不安との闘いだ。だけど、今日を生きるのに精一杯、スケジュールをこなすだけで精一杯。余力を他のことに使えていないから、不安が常に付きまとう。だってB・i・S・H

が終わっても、私たちはこの先も生きていかないといけないんだから。もういい。死ぬなら、勝手に死んでくれ。頭がこんがらがってくる。

7月8日

「FOR LiVE TOUR」鹿児島 SR HALL

ここにきたのは6年ぶり、「Less Than SEX TOUR」を5人で回っていたとき以来だ。何があったか詳しくは覚えていないけど、あの時期は辛かった思い出がある。90人キャパだけどソールドアウトはせず、スカスカだった記憶。

そんなことをリハーサルで話しながら笑っていたけど、今笑えるようになって本当に良かったと思った。

今日のみんなは笑顔だった。そのことが嬉しかった。

「私はこれでいい」

7月9日

「FOR LiVE TOUR」熊本 KUMAMoTo B.9 V1・V2

なんでもできるね。

子供の頃、大人にそう言われた。

でも実際は、そんなことなかった。

むしろ、何もできなくて困っていたんだ。

なんでもできるね、そう思うなら何をすればいいか教えてくれればいいのに。何をしてどんな人生を歩めばいいのか。誰も教えてはくれなかった。だから、私なりに自分で決めて進んできた。正解かどうかなんて誰にも分からない。

でも私はこれでいい。

私が歩んでる道だから正解だ。そう思いたい。

偉くなくても、自分の中で納得できればいい。

モモコグミカンパニーの評価は、自分自身の人生の評価には繋がらない。

7月10日
今日はおばあちゃんに会ってきた。この子芸能人なのよ。そう言って私のことを周りに誇らしそうに説明する。でも、周りの人は「はいはいそうですね」みたいなリアクションだった。きっといつも話しているのだろう。おばあちゃんは前会った時よりも全然やせ細っていて、一層おばあちゃんになっていた。もう一度モモのコンサートに行ってみたいと言っていた。

「失うものなどもう何もない」

7月14日

SNSに、自分の中から湧き出た本当の想いを言葉にして載せると、〝アイドル〟の自分が発信しているものだから、「私生活で何かあったのか」とか「どうした?」「大丈夫か?」と生身の私を心配されるだけだ。それが悔しい。

かといって〝作家モモコグミカンパニー先生〟と言われるのもいい気分はしない。半分冷やかしが入っていると感じるし、実際そうだと思う。

言葉は私にとって飾りだ。本当の想いは形がなく、ただ感じるものなんだと思う。だから本当の想いはいつだって100パーセント純粋には言葉にならない。だが、それでも伝えたい想いは存在する。

SNSに言葉を載せることが怖くなった。だけど、今こそ、尖り散らかしていこう。そんな風にも思う。

解散を引っ提げているということは、「失うものなどもう何もない」の言い換えでもあるかもしれない。

ムカついても、自分の納得できることをやっていきたい。恥ずかしいことばっかかしていきたい。

認められていない悔しさ、冷やかし、自分へのもどかしさ。こんなものがきっと私の未来に必要な糧《かて》になるんだろうなと思う。

もう誰かの真似はしたくない。

「ただ、前に進みたい」

7月21日
「FOR LiVE TOUR」兵庫 神戸Harbor Studio

『Nothing.』の歌詞を書いたのは、『オーケストラ』、『プロミスザスター』で少し世間に知られてきた頃。今よりできないことも沢山あったけど、解散なんてもちろん頭の片隅にもなく、ただ前に進みたい、そんな思いを当時の自分の言葉で書いた曲だった。私にしては結構、本当にまっすぐで素直な言葉で書けたと思っている。でもそれはきっと周りに同じようにガムシャラに頑張っているみんながいて、それを応援してくれる人がいたからだった。


ただガムシャラになる。そういう時期って必要だったと思う。

そんな時期を過ごしてきた自分のことを認めて、ここに立っていることを讃えながらステージに立ちたい。

完璧ではないけど、偉くはないけど、駄目なところも必要だったって。ペンライトだけに照らされるわけではなくて、自分から発光したいと思う。

明るい場所は何があるか分かるから飛び込みやすいし頑張れるけど、何があるか分からない暗闇に飛び込む方が面白そうだ。

『サラバかな』の2Aメロで、真っ暗な上手の袖に向かって走っているとき、ふとそう思った。

「生まれ変わってまたやり直す必要がないように」

8月15日
「FOR LiVE TOUR」愛知 DAYTRIVE／HeartLand
今日と明日の名古屋3公演。1公演目のDAYTRIVEは、メンバーが4人だったときの東名阪ツアー「FLASH BACK ZOMBiES TOUR」で来た日（2015年7月25日）以来のライブハウスだった。当時もいたメンバーはこの中で3人だけ。なんだか不思議な気持ちだった。初期からのファンも見に来てくれていた。あの頃の自分は見ている人をかなり不安がらせ、保護者のような目線で応援してくれていた人が多かったように思う。だけど、今は少しは大人になったよ、という気持ちでステージに立った。
2公演目のHeartLandは、リンリンとハシヤスメが加入して一緒に回った（15年11月3日）ライブハウス。
3公演目のTHE BOTTOM LINEは、アユニの初遠征（16年9月1日）の場所。名古屋3公演目にして、今の6人が揃うことになる。

あの頃はあって今はないもの、今はあるけどあの頃はなかったもの、どちらも私たちにとって大切なものだ。嫌なことも、分かり合えずに対立することも、気に入らないことも、モヤモヤするものだって、きっと今だけの感情だから大切に抱きしめていよう。

そんなことを思いながら、今が一番大切だとただ見つめていたい。生まれ変わってまたやり直す必要がないように。

「ここで死ねなきゃどこで死ぬんだよ」

8月21日

「MONSTER baSH 2022」に出演。

ロッキン、ライジング、TIFに出場することができなかった今年、3年ぶりの開催となったモンバスに出演することができた。

今の私たちには、何にでも〝最後の〟という言葉が付きまとうが、私たちが出た最初の大型フェスはこのモンバスだった。とてもゆかりのある大好きな四国の野外フェスだ。

初めて出たときは、周りに沢山の先輩のバンドさんがいる中、裏のアーティストエリアでもどう立ち振る舞ったらいいのかも分からなかったし、ステージでもとても緊張したのを覚えている。それでも、一人でケータリングのうどんを啜《すす》っていたら話しかけてくださるバンドの先輩もいた。みなさん本当に優しくて、人の温かみを感じられるフェスだと思う。

今年は一番大きな空海ステージに出させていただけた。袖でホルモンのナヲさんや、四星球の康雄さんなど、沢山の人が見守ってくれる中、ステージに飛び出すと、丘の上まで続く何万人もの人。だけど、足がすくむことはなかった。計6曲だったが、想像以上に暑いステージだった。新曲『サヨナラサラバ』からの『MONSTERS』は本当に体力勝負だった（この日出演した同じ事務所のB・i・Sのメンバーの子が一人倒れてしまったくらいだった）。

おそらく最後であろうモンバスの一番大きなステージを楽しむ、焼き付ける気持ちでいたが、後半にかけて「ここで燃え尽きろ！　死んじゃ駄目だけど、ここで死ねなきゃどこで死ぬんだよ！」というヤケクソ精神で自分に鞭を打ち身体を動かした。新曲はもっとうまく歌えたと思うし、煽り文句も〝最後〟に似合う、もっといい言葉があったのかもしれない。だけど全員が全力だった。バンドメンバーさんも私たちも、目の前のお客さんたちも。そんなこと、確認しなくたって分かった。それが一番だった。

「別に、バイトとかでもいいよね」

8月25日

撮影のあと、アイナの主演の舞台を観劇しに行った。正直、私はミュージカルも長時間の観劇も今までの経験上苦手な方だった。ちゃんと楽しめるのかどうか少し不安を抱えながら劇場に足を運んだ。しかし、ステージは終始圧巻で、長時間にもかかわらずとても楽しむことができた。

最近は昔からの友達と会って将来のことを話すときも、「別に、BiSHが終わったら、私はバイトとかでもいいよね」「忙しすぎて書く暇なんてないんだよ」「芸能人オーラだってないし、一般人に戻る方が性に合ってるかな」、そんな風に語っていた。2作目の小説もプロット段階で止まったままだ。

確かに、表舞台に立ち続けること、創作にエネルギーを注ぐことだけが未来じゃない。〝普通〟に戻ってしまうことだって、立派な選択肢だ。だけど、今日のステージを見て、今までの私は〝逃げ道〟を必死に探し続けていただけだったと気づいた。

何かを創り上げることは本当に素晴らしいことだと思った。そして、それを披露するには、〝人目〟が必要だ。それがしたいなら、私が表舞台に立ち続ける理由はある。

限りある時間の中で、焦りながら、未来を恐れて、必死に目をそらしてしまっていた。辛くても、楽しくても、忙しくても、未熟でもいい。とにかく書く手を止めたくない。

そんな心の声にやっと気づけた。

「強くなったよね」

8月29日
メンバー全員でWEB記事の取材を受けた。インタビュアーさんが、メンバーそれぞれの「変わったところ、変わらないところ」は何かと問いかける。チッチが私の「変わったところ」で、「自分では気づいてないかもしれないけど、強くなったよね」と言った。予想外の言葉で、私は内心、2つの意味で驚いてしまった。

1つ目の驚きは、弱いと知ってもらえていたところ。私は昔から傷つきやすいところがある。だけど人前で泣くとか、そんな心の状態を上手く表現できずに、どこか別の場所に消えたり、ただポーカーフェイスで黙っていた。そういう私を見て、もしかしたら〝何も感じない人〟と思われているんじゃないかと考えていた。だから、弱いと思われていることに、どこか安心した。弱い自分を受け入れてもらうのは甘えだと思うけど、それに気づきながらも一緒にいてくれたのはすごくありがたい。

2つ目は、今の私が前と比べて強い、と思われていることだった。最近も慌ただしさや未来の不安に押しつぶされそうになるばかりで、自分の弱さにうんざりしながら日々を過ごしていた。もう少し強くなれたらいいのに、と心から願っていた。昔と少しも変われてないと自分では思っていた。

けれど、思い返せば、なんだかんだ折れ曲がることはあっても、ポッキリ折れてしまうことはなかった。そういう意味では、少しは〝強い〟と言っていいのかもしれない。ずっと一緒にやってきているメンバーにそう言われたのは、なんだか自信になりそうだった。正確には、昔より強く〝見えている〟だけかもしれない。だけど、〝強くなったふり〟をしているだけでも少しは強くなれそうな気がした。これからも続く怒濤の毎日に正直付いていけるのか不安で仕方がない。だけど、そんな風に〝ふり〟をして、弱い自分に飲み込まれないようにすれば上手く生きていけるんじゃないか。

終わりを背負うことが、今の私たちを一つにしている。メンバーとの時折ヒリついたムードも、同じ土俵で生きているからこそ起こるものだから、感謝したいと思う。

「もう、誰にも迷惑かけたくない」

9月1日
「FOR LiVE TOUR」大阪 Shangri-La／umedaTRAD
Shangri-Laでのライブは、2016年の3月の「IDOL SWINDLE TOUR」、そして17年11月の「BiSHの学園天国 Tour」と「BiSH About a Girl Tour」以来だった。
当時は、ダイエット企画とか過酷なことをしていて、グループにどんよりとした空気が流れていた時期だった。チッチがMCで俯いていて、静まり返った中、客の一人が「下を見るな、前を向け！」と私たちに呼びかけ、ハシヤスメがそれに対し「何言ってんだ！」みたいなことを反射的に返すという、印象的な出来事もあった。もう5年以上も前のことなのに、色濃く記憶に残っている。そんなBiSHの暗黒時代も、今は笑い話になっている。折れ曲がりながらも折れず、運とか風向きとかそういうものだけじゃなくて、なんとか自分たちの力で納得いく場所まで、笑えるところまで、たどり着けた。そのことが何より今の糧になってるんだろうなと思った。
最近は、メンバーがそれぞれ個人仕事もやっていて忙しい。その反面、解散に向かって

B・i・S・Hをどうしたいか、楽屋でもメンバー同士で冷静に話すことも増えてきた。自分がどうしたいか、ではなく、B・i・S・Hをどうしたいか。こういう話になると私は途端に意見を言えなくなる。

思うことは沢山ある。だけど、グループとしての意見となると、私は他の5人、多数決に従うしかないという考えになってしまう。例えば、スケジュールがパッパッの中、「この仕事は入れますか？」と制作の方に意見を聞いてもらえることもある。そんなとき、私個人としては「身体が追いつかないから、できればパスで……」と思ってしまうが、グループとして考えると、B・i・S・Hのラストチャンスの仕事かもしれない。そう思うと、その仕事は入れた方がいいことになる。だから私は「他に合わせます」と毎回言ってしまう。自分だけが休みたいなんてとてもじゃないけど言えないし、B・i・S・Hというグループのためになることはなるべく受けたいと思う気持ちがある。だから、「合わせる」のが間違いだとは思わない。

だけど、こうやって多数決＝人に任せているのだって辛いこともある。グループの意思を決めるとき、そこに向き合う自分という色をほんの少しでも付け足してみる努力をしたい。

ライブ2公演を終え、新大阪駅に着いたあと、メンバーと離れて一人でみんなと違う号車のチケットに乗変しに行った。そんな嫌な感じの自分にメンバーが「モモちゃん、気をつけて帰るんだよ」って優しい声をかけてくれた。すごく嬉しかったのに、小声で「うん」としか返せなかった。私もこんな風になれたらいいんだけどな、まあ、なれないんだろうな、なんて思った。もう、誰にも迷惑かけたくないな。

最近、十分に寝られていなかったり、おばあちゃんの容態が悪かったりして、メンタルが不調だ。こんな自分が表に出ている姿なんか見ないでほしいと思うことも多い。

私は普段、何かの拍子に自分でコントロールできないくらいひどく落ち込んでしまうことがある。そんなときは、仕事だから、ライブだから、とうまく切り替えることも難しい。もう少しで誕生日だから何が欲しい？　って聞いてくれる子もいて、こんな自分が祝われる価値ないのに、優しくて泣けそうだった。私はみんなに何をできているんだろう。悔しい。周りに迷惑をかけたくない。分かっているのに、頭の中でグルグルと余計な思考が回り、身体が重くなってくる。

このステージに自分なんかが立っていることに、とても申し訳なさを感じる。無理やり笑おうとすると顔が引きつる。この日のこの時間を楽しみに、キラキラした目を向けてくる人が目の前にいる。なのに、笑えない。情けない。

人前でただ笑うということは本当に大変で、時には残酷だなとすら思う。この世界に入る前は、テレビやステージで芸能人を見たりしても、その人たちの裏側なんて微塵も考えたことがなかった。むしろ、「もっと楽しませてくれ」「もっともっと」と、常に供給を求める姿勢で彼らを見ていたと思う。でもやっぱり、エンターテインメントとはそういうものなのだろう。そんなことをオーディエンスに考えさせる隙も与えないのがプロなんだろう。

「なんだかすごくアイドルみたいだ」

9月4日

「FOR LiVE TOUR」新潟 NEXS

終わりが決まっている人間を応援する気持ちはどんなものだろう。

温かさとはなんだろう。

今自分に注がれているものは、終わりの決まっていることからくる同情か、今と未来への応援か。

瞬間瞬間の感動や気持ち、その場をやり過ごさないことが、その空間の温かみにつながると思う。

『ALL YOU NEED IS LOVE』のサビを私が歌ってる姿を見て泣きそうになったとか、背中が大きくなったとか言われた。

誕生日を大勢に祝われるのは、すごくアイドルらしいなと思う。もちろん私の誕生日ではあるけれど、この日はファンの人の好意にどれだけ期待通りの反応で答えられるかが一番だと思っている。

アイドルは受け取る力が大切。だから、どんな顔をしたらファンの人が喜ぶのか、みんなのために話す言葉を選んだりする。そんなことを考えている私は、なんだかすごくアイドルみたいだ。

人を惹きつけるには、人間力が必要なのかもしれない。アイドルはやっぱり空っぽなだけじゃ務まらないはずだ。

「少し声が出やすくなった」

9月6日
「FOR LiVE TOUR」埼玉 HEAVEN'S ROCKさいたま新都心VJ-3
この会場は、2016年8月19日の「Less Than SEX TOUR」以来7年ぶり。
どれだけ楽屋で鏡の中の自分を見ても、ステージ上の姿は自分で見ることができない。私の自分に対するイメージは、ステージでの振る舞いに直接影響していると思っている。ステージ上でのセルフイメージを振り返ると、良いイメージもあれば、「歌が下手」「地味」「歌割も少ないし誰も見てない」、そんなネガティブなものも長年の蓄積で無意識に刷り込まれているような気がする。それを、誕生日を迎えたあと初めてのライブで取っ払っていきたいと思ったら、少し声が出やすくなった。お客さんの目をじっと見ることができた。
ライブ中のアドリブとか、そういうことを今よりも少しずつ躊躇なくできるようになりたい。
良い方にも悪い方にも、みんなに期待されたり望まれる自分、今までこうだと思われていた自分、思っていた自分、じゃなくていいんだ。

全部全部とっぱらってまた創り上げてもいい。そんなことができたらまた新しい景色が広がっていく気がした。

「コロナ禍での支援ありがとう」

9月7日
「FOR LiVE TOUR」高知 X-pt.
ここは2019年2月9日の「MONSTER biSH〜祝モンバス20周年！　今年だって絶対出たいぞモンバス!!〜」以来。
ライブリハーサルより早く高知に着いて、ライブハウスの近くを散歩したり、ひろめ市場に行って海鮮を食べたりした。夏日和も落ち着いてきた東京とは違い、真夏日が舞い戻ってきたような太陽燦々の天気だった。
商店街の散歩途中、「モモコさん」と、声をかけてきたファンの人がいた。その人は数年前によくライブに来てくれていた人で、私はよく覚えていた。しかし、当の本人は私に覚えられている自覚がないようだった。私は正直、人の顔と名前を覚えるのが苦手だ。なのにどうしてその人が印象に残っていたかというと、いつ見ても絵に描けるような笑顔だったからだ。目も線のようになって、マスクをしていてもその懐かしい笑顔だと分かった。逆にその人の真顔を知らないくらいだ。私はファンの人に街中で声をかけられたら少し身構えてしまう方だけど、その目一杯の笑顔に、自然とこっちも柔らかい笑顔になれた。ライブハウスの人が「コロナ禍での支援ありがとう」と、リハーサル前に改まって感謝を伝えてきてくれた。そのあと、見たこともないくらい大きなお皿に載った高知の名産料理を楽屋に持ってきてくださった。

愛を与えられる人になりたいと思った。

たとえ楽しくなくても、自分がどんな状態でも、無条件に笑顔を振りまける人。空間を和《なご》ませられる人。して欲しいことばかり求めるのじゃなくて、何をしてあげられるか考えられる人。何かをもらっていること自体に気づけることが、人と人との繋がりも、自分自身も、成長させていくのかもしれない。

「誰も置き去りにしない」

9月10日

「FOR LiVE TOUR」東京 Spotify O-WEST

連日のライブや朝からテレビ生放送のリハーサルでクタクタな私たちは、O-WEST の狭い楽屋に一緒にいるのも嫌になるくらいだった。

1曲目の『GiANT KiLLERS』でステージに出る。

行くぞ行くぞ！　という全員での掛け声で、「乗り切ってやるぞ」という気持ちになった。

声出しＮＧだけど、『I have no idea.』のあとの子供の笑い声で会場が和んで、私たちも笑った。まだ笑えたんだなという気持ちになる。

ライブが、目の前のお客さんが、支えです。

そんな風に真正面から100パーセント言えるだろうか。私は少し綺麗事だと思ってしまう。誰かに頼ること、支えられることは時に罪悪感を生む。だけど、振り返ってみると私の場合はいつもいつも人に支えられていた気もする。そういえば、遠征終わりで羽田空港に着いた瞬間、親に「やめたい」と電話して泣いたこともあったと思い出した。

ステージ上でも私たちは支えられて、誰かを支えている。

励まし、励まされている。

どんなに違う人間でもここでは心を一つにできる。それが私たちの長年やってきた強みなのかもしれない。

誰も置き去りにしない。置き去りにされないように、空気を掴む。周りを見る。みんなの声色に耳を澄ます。

帰りに、今日のお客さんに手を振りながら、次の現場、生放送のフジテレビに向かう。

「モモコ、お誕生日おめでとう」という声に、なんだかもう昔のことみたいだなと思いながらタクシーへと歩いた。

「どの瞬間に勝負をかければいいのか」

9月12日

「FOR LiVE TOUR」北海道 BESSIE HALL

連日の疲れが響いていて、身体に鞭を打ってライブをした。ステージから見えるお客さんの目はいつもキラキラと輝いている。最近、一生は一瞬の積み重ねでできている、と考えることがあった。ダラダラ続く日常よりもほんの一瞬が一生モノとして刻まれることもある。私もそうであるように、客席の一人ひとりもそんな瞬間を求めてここにやってきているのかもしれない。

ホテルに帰って何気なくつけたテレビでやっていた『しゃべくり007』で、〝山の神〟と呼ばれた箱根駅伝の柏原竜二さんが「マラソンで勝つのは一番楽して走っている人。勝負どきに体力を残していられるかが大切」という話をしていた。自分はどの瞬間に勝負をかければいいのだろうか。

9月16日

「FOR LiVE TOUR」宮城 SENDAI CLUB JUNK BOX／チームスマイル・仙台ＰＩＴ

人が怖い。客席に集まるお客さんのことを楽屋のモニターで見ていて、この人たちの前に立つのか、自分は期待されているものを提供できるのか……怖い。と思うことがある。

その人たちが初めて生でBiSHを見たとして、一番いいパフォーマンスをすでにネットで見ていたら、イメージが壊れるだろうか、そんなことまで考えてしまう。ライブは生もの。どんなお客さんが来てるかなんて毎回分からない、何を求められているのだろう、と。アリーナでも小規模のライブハウスでもこんな思いは変わらずどこかにある。目の前の人が全ていなくなってくれれば、もっと自由に歌えるのに。そんな風に怖くなってしまうことがある。だけどそういう恐怖は自分で壊していくしかない。

やっぱりうまく声は出なかった。それでも無理矢理声を出して汚かった。

でも、汚くてもいいいんじゃないか。

自分のことを一番許せてないのは自分なんだ。

お客さんはきっと誰のためでもなくお客さん自身のためにライブに足を運んでいる。だったら私だって自分のためにステージに立ってもいいいんじゃないか。自分のことを許してあげてもいいいんじゃないか。

「足跡」
9月17日
大阪城ホールワンマンまであと少し。
11月リリース分のレコーディングが終わってすぐまた急ピッチで12月分のレコーディングが始まる。

大阪城ホールのエンディングで流れる『FiNAL SHiTS』のインストのデータが来たから、帰り道で聞いた。今までこんなにレコーディングしてきたのに、まだ歌で悩んでいた。最後にどんな声を残せばいいのかなんて分からなかった。だけど、インスト音源を聴くと、みんなの声が脳内再生された。足跡って、分かりやすい形だけじゃなくても残っていくんだと思った。

「だから、一緒に生きよう」

9月21日
大阪城ホール公演当日。

東京ドームに見合う私たちがどんなものか、最近そればかり考える。大きいステージに立つときほどチラつく。

東京ドームのことばかり考えず、アリーナでやるときほど、自分自身のマインドをしっかりと決め込んで臨みたいと思っている。お客さんから空気を摑む、というよりは見せつける。私たちは見せ物だという感じで。

じゃあ、どんな自分を見せるか。

そもそも私は、誰かに夢を見させてあげたいと思ったことがない。

それよりも、自分はこんなにも普通なんだ、こんなにも汚いんだ、そんなものを見せたいのかもしれないと思った。

こんなんでも生きてるから。こんなにすごいステージに立ててるから。ここまでカッコよくなれるから。だから、一緒に生きよう。そんな感じだ。

9月22日

「FOR LiVE TOUR」大阪 LIVE SQUARE 2nd LINE

昨日は大阪城ホールで、今日はライブハウス。お客さんの人数は101人。

ここは最初のツアー「FLASH BACK ZOMBiES TOUR」で来て以来だった。つまり、最初に大阪でライブしたのがこの場所だ。

色んなものに出会い、なくしてきたけれど、昨日の城ホールも2015年の頃のライブも今日のライブも、きっと芯の部分は変わってない。そう思う。ずっと何かに怯《おび》えながら、何かに縋《すが》りつき、探し求めていて、弱くて、それでも強くなりたいと願っている。

昔より自信がついたのは、ステージに慣れたからじゃない。きっと以前より目の前のことに向き合うことができるようになったからだと思う。

解散が決まって不安は増えたけど、怖いものは少なくなった気がする。

「助けてもらおうと思うな」

9月26日

渡辺さんと事務所で話した。作詞もしたい。小説も書きたい。私の考えはふわふわしているみたいだ。「助けてもらおうと思うな」。そう言われた。

そうだな。どうにかして欲しくてアイドルになって、アイドルの間はどうにかなったかもしれないけど、それ以降もどうにかして欲しいなんて駄目なんだね。使われることに逆らいながらも、慣れてしまっていた。この世界も、そこにいる私も、どこかおかしい。

私は誰かにいつも助けて欲しいと心の中で思って生きてきたと気がついた。

一音発しただけで涙が出てきそうだったから、口を噤《つぐ》んだまま事務所を後にした。

自分がまずどうしたいのか。それすら私は固まっていない。

生きるのって苦しいと思った。

「『死にたい』とかそんな抽象的なことじゃなくて」

9月30日
《モモコグミカンパニーみたいに、運動も音楽もできないのに、アイドルになれてるのは希望（褒めている）》という内容のツイートを見かけた。このアカウントは私のファンの人のようだったが、もちろん褒められている気はせず、心にグサリといかずとも刺さるものはあった。図星だ。そう思われても仕方ない。
私はこんな風に思われるくらい、見るからに不器用だ。しかし、不器用でもダメダメでも、悪いことばかりではなかった。
人生で上手くいかないことがあったとしても、そのときに助けてもらった経験は何にも代えがたいものと思うからだ。

人に助けてもらう、いや、助けてもらえないと生きていけない機会の多い私は、他者のありがたみを深く感じることも多い。そんなときは、それまで一人で抱え込んだまま俯いて見ていた景色とは世界が変わったくらいの気持ちになる。

もちろん、人にホイホイ助けてもらうばかりがいいとは思わない。一人きりで向き合って、もがく時間も必要なはずだ。しかし、そこで塞ぎこみ、出口が見えなくなった場合、やはり何かに助けてもらう必要がある。不器用な人間だからこそ、私には私の生き方に必要なものがある気がする。それは、弱みを上手にさらけ出すことだ。

「死にたい」とかそんな抽象的なことじゃなくて、もっと具体的に自分の弱さを言葉にしたり、あるいは非言語の涙とかにすること、分かってもらう努力をすること。簡単なことに見えて、難しいことだと思う。だが、そんなことが誰かへの〝助けて欲しいサイン〟につながる。手を伸ばしてみる。自分の中だけで完結していたものを、表に少しでも滲み出させる。このバランスを、不器用な人間なりの生き方として大事にしていきたい。

「固い結び目の解き方」

10月10日

もう行き止まりだ。

そんな風に、固結びした紐をもう一段階きつく縛ったようなしこりを心に抱えてしまった経験が誰しもあるかもしれない。

まっすぐだった一本の紐に結び目ができてしまうと、それは時に錘《おもり》のように心にのし掛かってしまう。

向き合うのも辛い、固い結び目。しかし、最近思う。そんな固結びされた紐も、向き合い続けていけば、少しずつ少しずつ、緩まっていくのかもしれない。

例えば私は、ライブでどうしても出ない音があった。私はそのことに悩んでいたけれど、何年も前に通っていた自分の性格等をよく知っているボイストレーニングの先生に折り入って相談をしたら、いくつかの通り道ができた。それは直接解決につながるものではなかったけれど、私は話を聞いてもらっただけで、とんでもなく心が軽くなった。自分で抱え込んでいるうちに、しこりはどんどん拗《こじ》れて、もっと解けづらくなっていっていたことに気がついた。自分一人でどうにかなることなんて、本当に少ないのだろう。

先生との会話の中で「いや、ホント音高いですよ。普通に出そうとしたら裏声になっちゃいます」と言うと、先生は「裏声を使ってみればいいじゃん」と答えてくれた。自分の中では何が何でも地声で張らないといけないと思っていたから、裏声を使うという初歩的な選択肢すら思いつけなかった。

人に話す。それで解決しなくてもいい。自分の中の問題を少し客観視する。そしてまた向き合う。結び目の隙間は少しずつ広くなっていく。

そうやって空気の通り道を作りながら、固結びにできた微かな隙間に指をかけていく。

解決しそうにない問題を抱えていると、こんなもの抱えているくらいなら、もういなくなった方がマシだ。そんな風に極端な考え方をする人もいると思う。私も、大勢の前でミスをするくらいならいなくなってしまった方がマシだ。そんな風にライブ前に思ってしまうこともあった。お先真っ暗なら今を生きていたって仕方ないじゃないか、と。だけど、そんなことはない。むしろ生きる愉しさとは、そんなお先真っ暗な状況から生まれることもあると思っている。心の中のしこりに向き合い続けることは何より辛い。けれど、向き合うのを完全に放棄してしまうことは、それを未来の自分に丸投げするのと同じことだ。丸投げも、もちろん悪くないけれど。いなくなってしまうよりは。

ただ、少しだけ心に向き合う余裕が生まれたときには、核心に触れなくても、ちょっともがいてみるのもいい。痛い部分をまた痛めつけるのではなく、優しくさするのでもいい。それで駄目なら、誰かと一緒にもがいてみればいい。誰かは向き合ってくれる。その「誰か」は、人じゃなくて、好きな曲でもいい。本でも、アーティストのライブでも好きな場所でもいい。そんなことを続けていると、いつか心の晴れる瞬間が訪れる。そして、向き合った報酬としてしこりを解く時に出会ったものは、一生の宝物になる。たとえ、元通りきれいに解けずに最終形が歪《いびつ》なものになっても、もがいて摑んだその糸口は、どの選択肢よりも愛しく感じられるはずだ。

10月13日
「FOR LiVE TOUR」東京 新宿LOFT／下北沢SHELTER

雑多な新宿が好きだ。どんな生き方も受け入れてくれるような通気性の良さ、包容力、そして、他人への無関心具合がいい。最近、学生時代の友人がライブを見に来てくれることがあった。彼女と終演後に話したとき、「アイドルやってるモモちゃん見れてよかった」と言われた。そう言われて、私が昔ほど〝素の自分〟と〝芸能界で仕事をしている自分〟を分けていないことに気がついた。「モモちゃん」の人格が私の中にまだ存在しているのかも分からなかった。「解散して、もし就活することになったら色々教えてね」なんてリアクションに困る言葉を返したりした。数年前までは、一般人からＢｉＳＨを始めた私は普通の人だし、いつでも〝もと〟に戻れるんだと思っていた。だけど、今や振り返るよりも切り拓く方が手っ取り早く、〝もと〟の自分は、もう安心できる場所でも、手の届く場所でもなくなっていた。

子供の頃の自分、学生時代の自分、ＢｉＳＨに入った頃の自分、今の自分、どれも私だけれど、今が一番面白いと感じる。今だって迷っているし、将来に不安もある。だけど目の前のことをやり、進みたい方向が定まれば、どこにでも行けそうな気がするから。

下北沢SHELTERは、今日は１２０人のお客さんが入っていた。色んなライブハウスを回ってきた中でも、特にここは最前のお客さんと至近距離で、後ろの人の顔までよく分かる、とてもアットホームな雰囲気がある。

こういうお客さんと近い距離のライブハウスでは、ステージからの視線は2択になる。一人ひとりを見るか、後ろの壁の一点を見つめる、つまり全員を見るか、誰のことも見ないか、だ。私は一人ひとりと目を合わせることが得意ではなく、こういうときは大体後者を選ぶ。その方が、お客さんに対し平等だと思うからだ。

昔から何でも平等にするのが自分の中の正義としてあった。今でもその考えはあるし、ステージの上だと尚更その考えが強くなる。具体的には、メンバー全員の自己紹介の際の相槌や盛り上げ方を均一にするとか、前の方ばかり見ないとか、当たり前のことだけれど。

最初に下北沢SHELTERのステージに立ったのは、4人時代の東名阪ツアーだった。ふと、その頃どんな風に客席を見ていたのだろうと思った。今は多少なりとも、お客さんが喜んでくれるからサービスで視線を送る、という思いもある。だが、当時はそんなことは考えていなかっただろう。実際、自分に熱心な視線を送ってくれる人は少なかった。ステージに立つ自分に自信がなかったため、「どうか見ないでくれ」という気持ちと、「それでも見てほしい、受け入れてほしい、応援してほしい」という気持ちが交じり合っていた。私が視線を送るというより、私を見てくれている人を必死で探していたのかもしれない。

下北沢 SHELTER のステージ

「今、ここにないもの」

10月16日

「FOR LiVE TOUR」福島 KORIYAMA CLUB #9／HIPSHOT JAPAN

１公演目が終わったあと、HIPSHOTの近くの神社に行った。おみくじを引いたら小吉だった。

今の私は未来のことばかり、つまり存在しない自分のことばかり考えてしまっている。ステージに立つとき、ここにいない誰かのことを考えることもある。誰しも、実体を持つ自分を動かすために、現在ないものに縋りついたり思い浮かべたりして、その時々をやり過ごすこともあるのではないか。今向き合っている人が本当はどこを見ているのかなんてすごく不確かだ。

ライブ中、黄色のペンライトを持って振り付けを一生懸命真似して、私に視線を送ってくれているファンの方と目が合った。きっとこの人は、実体を持たない私を思い浮かべて、ここまでやってきたのだろう。そして今も、それまで思い浮かべていた私に対する想いを抱えながらステージ上の私を見つめているはずだ。

その一生懸命さに、この人が求めている私の姿に、応えたいと思った。

これから、どんな私が求められるんだろう。カッコいい私？　可愛らしい私？　一生懸命頑張っている私？　それともその人にとってはただそこにいるだけでいいのだろうか。

10月18日
「FOR LiVE TOUR」京都 KYOTO MUSE／U★STONE

私たちにとっては何度もやったセットリストを、初見の人たちと同じように楽しむ。それがその場の人たちを楽しませることにつながる。だけど、私が面白くて楽しくて笑うことと、人を笑顔にさせることは、決してイコールではないと思う。

「FOR LiVE TOUR」も今日で36、37カ所目だ。毎回同じ内容のライブでも、新鮮な気持ちを見つけて心から楽しむか、楽しいふりをしてみせるか、これはどちらも中々エネルギーのいることだ。人前に立ち続けるには、そういうことをいつまでもしないといけないんだと思う。

みんなと踊るのって楽しいし、新しい自分を見つけることでもある。何年も一緒に踊ってきたのに、ふとそんな想いが湧き出てきた。私は一人だったら踊りたいとは思わない。そんなことに気づいた。今更なんでだろう。

みんなの大切にしているものがそれぞれ違うからBiSHのステージは面白いんだと思う。パフォーマンスに重きを置いてる子、そのときの気持ちや見た目、ファンの人をよく見ている子、楽しませることが一番の子。だから一つのステージで色んなBiSHの顔が現れる。まさに不協和音だと思う。同じように過ごして、普通の会話をしていても、思わぬことを言われたりするから、Ｂ・ｉＳＨでいるのは面白い。一人になったら、予想できるものばかりになるのだろうか。そう考えると寂しくなってくる。

「踏ん張っていくしかないね」

10月21日

毎日リハーサルやライブ続き。今日も渋谷でライブ。会場のO-EAST から事務所までの道をリンリンと歩いた。

「体力ばっかりなくなって、全然自分のことできないよね……」なんて愚痴を吐いた。頷いたリンリンも同じ気持ちみたいで大きく相槌を打っている。

「踏ん張っていくしかないね」

でも、そう返されて、まあそうだよね、それでもやるしかないんだろうなって背中を叩かれた気持ちだった。

10月23日

「FOR LiVE TOUR」東京 Spotify O-nest／O-EAST

渋谷のO-nestは、Ｂ・ｉＳＨが初めてライブに出た場所だ。２０１５年4月30日、「いいにおいのするいきのいいやつらTOKYO」というイベントのシークレットゲストだった。

メンバーと出番前にその頃のライブ動画を見たら、今より高い声で自己紹介していて、地下アイドル感満載だった。結成当初の頃は、今ではみんなの中で笑い話になっている。でも当時は真剣で、その頃の〝今〟に必死にしがみついていた結果だった。必死になりすぎると、人は少し滑稽になるのかもしれない。だけど、そのはみ出し具合がなければこの笑い話も存在しなかったのかと思うと、少し物足りない。いや、かなり物足りない。

1公演目と2公演目の間に、道玄坂のコメダ珈琲で、解散後に出版する予定の小説を少し書き進めた。どんどん書き進めたいのに、身体が疲れていると自分に言い訳したりしてサボってしまっていた。その分がまた焦りになって襲い掛かってくる。

今だって、あの頃と同じくらい必死だと思う。今の自分も愛おしいと笑える日がくるだろうか。

「そのまま抱きしめていてください」

10月25日

横浜アリーナ公演「TO THE END TO THE END」。

思い返せば、最初に横浜アリーナに立ったとき、私は完全に〝立たされていた〟と思う。前日泊まった横浜のホテルでは緊張して嘔吐したし、当日も1曲目の『オーケストラ』から手足は震えていたし、少しでも気を抜けば頭が真っ白になってしまいそうな状況だった。だけど、なんとか自分たちの力でステージに立っていたいという気持ちはあったはずだ。その反動か、私の声には全体的に力が入りすぎていて、あとから確認しても聞き苦しいと感じるくらいだった。とても納得できるものではなかった。

今回の横浜アリーナはコントも完全に自分たちで考えていたし、リハーサルは1日しかなかったけれど、打ち合わせもよくできていたと思う。

昨日は緊張からぐっすり眠れたわけではないけれど、ホテルで吐いたときのような嫌な緊張とは別物の緊張感を持って本番に臨めた。

自分の中でのテーマは〝ライブハウス横浜アリーナ〟だった。BiSHらしく、のびのび暴れたいと思う。うちらはライブハウスのバンドだって。自分たちで作り上げたい、会場全体で見せつけたい。

きっと誰かに決められたルートを辿るより、まだ見たことのない景色に向かって行って何かを掴み取るって、すごく素敵なことなんだと思う。そんなワクワク感が今の私たちにはあるのかもしれない。


(横アリ『オーケストラ』前MCメモ)

楽しんでいただけてますでしょうか?

今、行ったことのあるライブハウスを回るツアーをしていて、どんなに小さなライブハウスでも一度しか訪れたことがなかった場所でもその場所には当時のBiSHを形作っていたものが残っていると感じます。沢山の思いが詰まっていて、全部全部必要で、今見たら笑っちゃうなーもっと上手くできたのになー、なんて思うこともあります。こんな恥ずかしいことがあったね、猫百匹かぶってたよね、とか、全然話せなかったよね、とか。だけどあの時目の前にがむしゃらに向き合ってたからこそ今、笑うことができるんです。今まで沢山の変化を経験して今日ここに立っています。過去の恥ずかしいことをみんなで笑えたりするのだって奇跡みたいなことだと感じます。月日を経ても消えていないいんだな、一歩一歩歩んできたんだなと思います。

ここ、ライブハウス横浜アリーナにも沢山の想いを抱えたみなさんがいます。

その想いの一つ一つが今のＢｉＳＨを形作っています。

いつか大切なものが物理的になくなってしまったとしても、あなたが今大切に思っている気持ち、いままで抱えてきた想い、そういうものはきっとずっとずっと消えないものだと思います。だからどうか、ずっとずっと、きれいなもの、汚いもの、辛かったこと、幸せだったこと、そのまま抱きしめていてください。

改めて、出会ってくれてありがとうございます。

本番ではこの通りに話せたわけではなかったが、伝わったらいいなと思った。ＢｉＳＨは一人ひとりが持っている想いなのだ。その中には、もちろん私という一人の人間の想うＢｉＳＨだってある。

10月29日
「FOR LiVE TOUR」香川高松 DIME／festhalle

高松は本当によく来ているし、夜公演をしたfesthalleには合計10回は来ている。四国のホームのようなライブハウスだ。昼公演の高松DIMEは『オーケストラ』を初披露した場所だったようだ。

思えば、先輩バンドやイベンターさんにお世話になってばかりだった。しかし、気づいたら自分たちも今や、お世話する側の立ち位置になっているようにも感じる。フェスに出るときも、どうにかお客さんに受け入れてもらおうという姿勢から、自分たちがこのフェスを盛り上げよう！　という風に変わっていっていた。

四国でお世話になっているイベンター、デュークのスタッフさんにも、ライブの合間に「進路はどうするの？　場合によってはもうみんなでご飯を食べに行けなくなるかもしれないね」と言われて切なくなった。同じ場所、同じ人。何も変わってないように思えるけれど、時は確実に進んでいる。

私の父も最近還暦を迎えて、これからは世代交代だからなと言われたばかりだった。『オーケストラ』を初披露したり初めてフェスに出たあの頃は届きっこなかった憧れの未来を、自分で摑みに行かないといけないところまで来ているのだろう。「憧れの未来を摑みに行く」なんて、すごくいい響きだけれど、少し怖いことだと思った。グループ単位で考えれば怖いものなしなのに、自分の夢となると途端に怖くなるから不思議だった。

ライブ後にスタッフさんたちとご飯に行った。鍋とうどん、すごくおいしかった。こんな食事会も最後だと考えてみても実感がなかったし、最後かもしれないからって一体何を話せばいいかもよく分からなかった。私たちはいつも通り他愛もない話で笑い合った。今日のライブの話にもなった。ここのMCがどうだったとか、この曲よかったよ、とかそういう話って、今でしかないものなんだろうな。

「もっともっと周りに感謝しなくちゃいけないな」

11月7日

「FOR LiVE TOUR」沖縄 ミュージックタウン音市場／Output

沖縄は何度もライブで来たことがある。メンバーもお客さんも旅行気分でいて、楽しい場所だし毎回修学旅行みたいな思い出ができる。だけど、私はそのアットホームな人間味のある空気感に対し、今は少し乗り切れない気持ちだった。

前乗りの夜、メンバーが外に遊びに出ている中、ホテルから出なかった。朝からテレビの密着も付いていて、嫌だななんて思って空気を悪くしていた。ひねくれ者の私の見る世界はひねくれたまま。

ミュージックタウン音市場の楽屋に入ると、アイナとハシヤスメが「昨日、国際通りに遊びに行ったんだ」と星の砂をくれた。ついでに買っただけかもしれないが、私がいないところで少しでも考えてもらえたことがすごくすごく嬉しかった。

日替わり曲は『SCHOOLYARD』だった。これは『PAiNT it BLACK』のカップリング曲で、2018年に私がWACKオーディション合宿に行ってるときに5人が振り付けしてくれたビデオが送られてきたので、とても印象に残っている。

合宿から帰ってきて、6人で改めてスタジオに入って練習したとき、私は涙をこらえるのに必死だった。

私のためにいつもより簡単な振りを考えてくれたことの申し訳なさと、それでも辿々《たどたど》しい自分に優しく教えてくれるみんなに対して、込み上げてきた涙だった。

もっともっと周りに感謝しなくちゃいけないなと思った。人の温かさは当たり前じゃない。

移転したOutputでのライブは、お客さん（中には沖縄でしか会えないファンもいた）やライブハウス店長の上江洲さん、BiSHを初めて沖縄のテレビに出してくれたおじさん、LUNA SEAのコピーバンドのMODA SEAさんら、懐かしいゆかりのある人たちに見守られて、なんとかやり切った。

ライブはとにかくやり切ることが大切だと思う。上手くても下手でも疲れてても納得いかなくても、その時間をやり切ること。

「心臓を抉って分けてくれているような気がする」

11月12日

Play.Gooseのマナミさんとお茶をした。マナミさんとはB・iSHに入って何年かしてから知り合い、それからずっと仲良くしてもらっている。この前の横アリにも来てくれていた。「みんなすごく生々しくて、モモちゃんはステージで心臓を抉って分けてくれているような気がする」と感想を伝えてくれた。マナミさんは私の歌をいつも褒めてくれる。それがすごく嬉しかった。

B・iSHに入ってから、歌を思うように歌えなくて、悔しくて悔しくて仕方なかった。歌割が1行だったことも、あまり表に出さなかったけど落ち込んでいた。落ち込みながら、「これくらいでいいです、私は」みたいな顔をしてずっと過ごしていた。B・iSHのステージで歌うことは、私にとって何年もの間、恥ずかしいことでしかなかった。どうすれば、自分の想うように、納得するように歌えるのか分からなかったし、考えれば考えるほど、空回ってしまっていた。

マナミさんにはB・iSHでは難しかった、詞先で曲を作ってもらうことをお願いしていたのだ。すでに2曲、私の詞先で曲を作ってもらっていた。私はその曲が大好きだった。心の大事な部分がじんわりとあったまるような曲だった。そしてもしかしたらその曲を自分の声で歌うかもしれない。それが奇跡みたいに思えた。
帰り道、駅の人混みの中で、自分の声でもしこの曲を歌って世に出したらこの中の何人が私と同じ気持ちになってくれるのだろうかと想像した。

11月17日
「FOR LiVE TOUR」愛知 DIAMOND HALL

昨日から体調が悪くて本調子じゃなかった。だけど今日からまた1週間は休みなしでライブ続きだ。乗り切れるだろうかと不安になりながら、行きの新幹線に飛び乗った。車内でSNSを見ると、ライブを楽しみにしている人が沢山いる。夜行バスで何時間もかけてやって来る人もいる。なんとか気合いで乗り切ろうと思えた。ステージに立つと、客席は大勢の人で埋まっていた。待ってくれている人がいる、ということが何より力になっているのかもしれない。BiSHを終えたあと、私のことを待ってくれている人を、今はまだうまく想像できない。

最近はBiSH内でまた話し合いが沢山行われている。今までの大箱のライブでは、セトリを渡されて、その他のMCやコントを自分たちで考える程度で精一杯だった。今日は楽屋に着くなり、「BiSH FES」の話し合いをしていた。
12月20日に行われる「BiSH FES」に関しては、1ブロック丸ごとメンバーたちで演出案を出すことになっている。それぞれがやりたい曲や演出を考案するのだ。自分がしたいことを、ライブ全体に目を配りながら考えて言葉にするのは難しいと思った。

「私たちを知らない人へ」

11月19日

「FOR LiVE TOUR」徳島 club GRINDHOUSE

考えることが沢山ある。

解散日程はまだ決まってないものの、今月中に東京ドームのビジュアル撮影がある。東京ドームでは、私の名前すら知らない人も沢山見に来るかもしれない。そう考えると、これから意識したいことが頭の中に浮かんでくる。まずは、自分をどのように知ってもらうか。そして、私を知らない人にステージで何を見せることができるのか。これから毎回のライブではそういうこともよく考えながらステージに立ちたいと思った。

私たちを知らない人に、知らない曲でも盛り上がってもらわないといけない。そう考えると、今、大箱の整えられた音響ではなく、ライブハウスの音響でライブをできているのはとても良いことだと思った。大箱では一人ひとりのお客さんの顔を見ることができないから、反応が直接伝わってきづらい。そういうお客さんの反応へのアンテナみたいな部分を麻痺させないように意識しながらライブハウスを回っていければいいと思った。

今日のライブは、徳島が地元の四星球のまさやんさんも見に来てくれた。ライブ後、頼んでもらった徳島ラーメンをみんなで食べ、まさやんさんやライブハウスの方とお別れしてハイエースに乗り込み、今日泊まる予定の高松へと向かった。ライブでくたくたになって、ハイエースの中で眠りについた。ふと目が覚めると、隣の席のハシヤスメも私に寄りかかって眠っていた。

今日もライブハウスのステージに立った。明日も松山のライブハウスに出る。当たり前じゃない毎日は当たり前のようにどんどん進んでいく。

「ステージがなかったら本来の自分に戻れるのに」

11月20日

「FOR LiVE TOUR」愛媛 WStudioRED

万全の状態でステージに立つ。今まではその一心で私生活や体調を整えながら歩んできた。同時に、体調が悪いときや気分が乗らないときは、「ステージがなかったら本来の自分に戻れるのに」と思っていた。けれど、今日ステージに立ったとき、松山のお客さんの温かい顔に包まれてこう思った。私はきっとステージに救われているんだろう、と。ステージ上の自分が本来の自分だとはあまり思わない。私は本当のありのままでは、恐らくステージに立てない人間だ。BiSHのステージは、等身大でありつつもどこか非現実なところがあり、私はそんな部分に救われているんだろう。

「グループの輪」

11月22日

「FOR LiVE TOUR」栃木 HEAVEN'S ROCK 宇都宮 VJ-2

２０１６年の「Less Than SEX TOUR」で来て以来のライブハウスだった。その頃はまだ5人で、『ぴらぴろ』の曲中に私がピザを食べたり、好き勝手なことをしていた。当時は広く思えていたステージが、今6人で立つととても狭く感じた。『PAiNT it BLACK』のサビで横1列に並ぶときも、6人全員がきれいに並べるスペースがなく、凸凹にならないといけなかった。

このステージの狭さでは、自分のことだけを考えて踊っていたらすぐ誰かにぶつかってしまう。だから、周りとの距離感を考えて一つ一つの動作をする必要がある。それは今の私たちの関係性を表しているようだと思った。

ここ最近、ライブ続きで体力的にやられてしまっていた。身体が弱くなるとメンタルもブレがちだ。それはきっと私だけではないだろう。だから、楽屋でちょっとした雑談をしたり、ステージ上で気がついたことを指摘するようなときにも、相手のことを考えて発言しないといけない。

私は、感情的に話されるのが苦手だ。

心の芯の部分をぶつけられてしまうと、たとえそれがメンバーとか近しい人でも動揺してしまう。だけど、そんな心の触れ合いを避けていてはグループの輪がうまく作れない。たぶんちょっとした掛け違いで、一つに連なっていたものもガタガタと音を立てて崩れていってしまう。みんな大人だから、その輪の保ち方は昔よりも複雑になってくる。

ここ最近、「少ししんどい」と体調不良を訴える私に、みんなは優しい言葉をかけてくれたり、薬をくれたりする。そんな優しさに対して、私はどんな風に応えれば釣り合いがとれるのだろう。

結局解散するんだからどんな感じになってもいい。そんな風には私は思わない。みんなに笑顔でいて欲しいといつも願っている。だから、周りにはできるだけ細やかに接していきたい。なのに、自分が追いつかない。私より忙しいメンバーに励まされたりして不甲斐ない。

11月26日

ここ数日、珍しく自分の時間があった。プライベートで街を歩いている最中、何気なく開いた音楽アプリで『beautifulさ』が流れてきて、フラットに曲を聞くことがあった。

その音源からは、ダークな歌詞から暗いところに光が差すような力強さを感じた。歌っているＢｉＳＨというグループも、強い女性のグループだと感じた。

「自分らしく生きたい」

11月30日
「FOR LiVE TOUR」京都 ＫＢＳホール

8日ぶりのライブだった。

ＫＢＳホールは２０１５年から何度も「ボロフェスタ」等で来ていて、毎回ＢｉＳＨらしさを思い出させてくれるような、熱くて泥臭いライブをしてきた印象がある。そんなＫＢＳホールで、お客さんがここに足を運んできた理由は、単に私たちに会うためだけでなく、自分らしさを取り戻すためではないだろうかと思った。それは男女や年齢の垣根を超えた共通の想いのような気がした。誰だって、自分らしく生きたい。いつの間にかねじ曲がって、殻をつけてしまった自分を解き放って、本当の自分らしさを取り戻したいのだ。

それはステージに立つ私自身にも言えることだった。グループの中で地味でも弱くても芯に強さを持つこと。他と比べず、劣等感を持たないこと、ありのままでいること。つまり、弱いままでもここに立っていることが自分の強さであるのだろうと思った。

「〝普通〟に怯えながら〝普通〟に憧れていた」

12月2日

「FOR LiVE TOUR」福岡 DRUM Be-1／DRUM SON

福岡の人たちが目の前で自分らしく振り付けを真似したり楽しんでいる姿が印象的だった。

誰でもできることだったら、私がやらなくていい。誰かの真似だったら、私じゃなくてもいい。私は昔から自意識過剰なところがあるが、それは多少なりとも人に笑われていた経験があったからかもしれない。

自分らしさは欲しいけれど、人には馬鹿にされたくない。〝普通〟に怯えながら、同時に〝普通〟に憧れていた。

笑われても自分を貫けば、殻を破ったことになり、自分らしさが生まれるのかもしれない。「唯一無二」はとても美しい言葉に思える。

「〝ファン〟という人」

12月3日

「FOR LiVE TOUR」山口 周南RISING HALL

ここのライブハウスは、個人的にはアイドルフェスに出たときの印象が強い。

アイドルは特にファンと一心同体であり、ファンがいることによって成り立っている部分が多いと思う。「ファン」と一口にいっても、ライトなファンもいれば、人生の全てを捧げるくらいのファンもいるはずだ。

山口にいるファンの方で、「子供と妻を同時に失った」と手紙に書いてくれた人がいた。いつも笑顔のそのファンの人からは想像もつかないくらい辛いことだと思った。その手紙を読んでから、私が表のステージに立つ限り、そこでの自分の笑顔には価値があるのだと身をもって知った。その人は今日も見に来ていて、涙を流してくれていた。笑顔を振りまくことなんて、誰にでもできることかもしれないが、客席で受け取るファンにとっては、唯一無二の笑顔になるのだ。言葉もたぶんそうだと思う。それがたとえ誰でも言える言葉でも、私が発することによって、ある人にとっては唯一無二の言葉になる。アイドルとは不思議な仕事だ。

他にも、私たちを人生の一部として、支えにしてくれている人は沢山いるだろう。そんな人たちに何ができるだろうかと考える。何かその人に向けた特別な言葉？　特別な行動？　いや、結局、ステージに立つこと、その道を全うすること。結局、表に立ち続けること自体が一番なのだろうと思う。

「解散やめない？」

12月7日

年明けに公開されるインタビューで、解散について聞かれた。チッチは「今でも誰かが『解散やめない？』って言わないかな」と言っていた。

全員じゃなくても、一人でもそう言えるのはいいグループだと思った。でも私たちが続けるには解散するしかないんだと思う。〝いいグループ〟であり続けるために、誰かの青春であるために。

解散が決まってから、あっという間に過ぎていく毎日の尊さを知った。どこか遠く、夢みたいな場所に行くことじゃなくて、今を確実に生きることが一番幸せなことなのかもしれないとも今は思う。

来年は、解散とか恩返しとかそういうのじゃなく、ＢｉＳＨ自体にもっと向き合っていきたい。

人生の分かれ道が訪れる、予想もつかないワクワクした年になりそうだ。

「その人らしく笑える場所」

12月8日

「FOR LiVE TOUR」千葉 KASHIWA PALOOZA／茨城 水戸ライトハウス

最後の『ALL YOU NEED IS LOVE』で、最前のおじさんと若い男の人が肩を組み合っていた。その隣には目を真っ赤にして泣いている人もいた。

いいライブってなんだろうとずっと考えてきたけど、こういうことなのかな、と思った。私たちがというより、お客さんに自然とそうさせる何か。知らない人と肩を組み合える場所、その人らしく笑える場所、泣ける場所、そういう場所を作り守っていくのも私たちの大事な役目なのかもしれない。

ライトハウスの楽屋で、明日レコーディングの『Bye-Bye Show』をみんなで聞いた。

「サイレントコント」

12月10日

「FOR LiVE TOUR」福岡 DRUM LOGOS

12月22日に代々木で行うライブ「世界で一番綺麗なＢｉＳＨ」でコントをやると聞き、お客さんも声を出せない中どんなものにしようかとワタワタしていた。マネージャーさんやハシヤスメとも話し合ってドリフターズのオーケストラのコントをオマージュしよう、ということになった。ライブ制作の佐藤さんにも楽屋から何度か電話をした。
福岡らしい朗らかな空気の中ライブは終わり、「FOR LiVE TOUR」では珍しく、沢山の関係者の方に挨拶した。ハシヤスメのお母さんも来ていて、一緒に写真を撮れた。ホテルに着いてから、ドリフのコントを参考にしながらコントの原案を考えた。疲れていたけれど、こういうことでBiSHに貢献できるのは嬉しかった。ドリフの動画を見ていたら、ドリフとBiSHって、歌とコントをやってる感じとか個性の感じが少し似てるな、なんて親近感を覚えた（おこがましいかもしれないが）。

（代々木サイレントコント案）
◇プロミスザスター終わり袖捌《は》ける
⇩ハシヤスメ指揮棒、他5人楽器を持って登場
ハシヤスメ指揮台へ
メンバー5人椅子に座る

他4人ヴァイオリンの中モモコだけカスタネットを持ってくる（笑い声）
⇩ハシヤスメに指摘され（笑い声）捌ける
モモコタンバリン持ってくる（笑い声）
⇩ハシヤスメに指摘され（笑い声）捌ける

（モモコリコーダーを持ってくるorこのくだりカットでリコーダーは最初から譜面台に置いてある?）
⇩ハシヤスメに指摘され捌けヴァイオリン持ってくる（拍手）
演奏開始（いかりや長介さんの映像参考）
演奏終了し、ハシヤスメお辞儀（拍手）して捌けようとするが5人がまた演奏を始めてしまう（笑い声）急いで戻ってきて指揮をする（笑い声）
〜演奏〜
アイナが途中でノってきて椅子から立ち上がって感情的に弾く（笑い声）
ハシヤスメ焦りながら静かにと（サイレントで）アイナに注意し席に座らせる
〜演奏〜
リンリンが全く弾かなくなる（仲本工事さんのくだり）（笑い声）
ハシヤスメ（サイレントで）キレてリンリンとの掛け合い、リンリン真顔で一点みつめてる（笑い声）
⇩最終的にハシヤスメが諦める
〜演奏〜
演奏の途中モモコ前に出てリコーダーソロするが音が合ってない（笑い声）
ハシヤスメずっこける↓アユニが前に出てモモコのリコーダーを取り上げてめちゃくちゃ上手く吹く（当て振り音源使用）（おー！　みたいな音声と拍手）上手く吹きなが

らそのまま席に戻る
〜演奏〜
ハシヤスメが音楽を締めようとするが中々締まらない（笑い声）
チッチが指揮棒をハシヤスメから奪いチッチが最後音楽を締める（拍手）
5人がやりきった感じで先に捌ける
ハシヤスメ一人とり残され一言
「だめだこりゃ」（いかりや長介さん風）
何事もなかったように
『遂に死』板ついて始まる

「殺し合い消える前に」

12月11日
「FOR LiVE TOUR」長崎 DRUM Be-7
朝起きて、福岡から長崎までの道のりを2時間かけてハイエースで移動した。まあまあ過酷だったけど、なんだか懐かしかった。
ステージでは久しぶりに『Is this call??』を歌った。アイナがＢｉＳＨで一番最初に作詞した曲だ。アイナは曲前のＭＣで、「中野の狭い部屋で、いい曲だなって思いながら書いた」と言っていた。

その頃の私は、他の人のことを見る余裕なんてほとんどなかった。一人ひとりがどんな子なのか分からず、勝手に怯えたりしていた。だからアイナの書いた歌詞がその頃のアイナから出た言葉ということに違和感すら覚えていた。

でも今なら、すごく愛に溢れ、素直なアイナらしい言葉だと納得がいく。あの頃は知らなかった。知ろうとしていなかったのかもしれない。

東京に帰ると『ZUTTO』の音源が解禁になって、SNSが盛り上がっていた。1月のシングルを発表したのが昨日のことのように感じる。何もかもやっぱり速いな。

実は、渡辺さんから12月シングル『ZUTTO』(仮タイトル『これで最後なんだ』)のデモが送られてきた後、歌詞ワンコーラスを書いてみていた(結局、渡辺さんが先に書いてたから採用はされていない)。

渡辺さんの歌詞に文句はないし、愛を感じられる、すごくいい歌詞だと思った。だけど、本音を言うと書きたかった。私が歌詞を提出するのが遅かったのがいけなかったのもある。悔しい。

誰が想像していたんだろうな
遠ざかる視界がぼやけてく
素直にありがとうもいえるようになったのに

絡まる糸もうほどけない

正義のぶつかり合いで
殺し合い消える前に

誰の正解なんて待ってないで
湿気ったツラにバイバイ
振り出しにはもう帰らない
はずれちゃった道どっかいった
うざったい自由にバイバイ
戻りたくなってしまったってさ
雨はやんだ晴々しくいこう

「第2期BiSH」

12月13日

事務所で話し合いが行われた。日テレさんとの共同プロジェクト「第2期BiSH」のオーディション番組についての話だった。資料が渡されて、「男女混合グループにしたい」など具体的なプロジェクトが出来上がっていた。第2期BiSHについては前にも話を聞いていたが、メンバーは私も含めて取り乱していた。泣いている子もいたし、私もつい喧嘩腰になって渡辺さんやａｖｅｘの人たちと話してしまった。昨日、12月シングル『ZUTTO』のＭＶが公開されたばかりで、ファンの人と一緒にしんみりした気持ちでいたから、まさに寝耳に水という感じだった。渡辺さんは、「Ｂ・ｉＳＨはそもそも前身のＢｉＳがいて、その解散後に始めたものだから、もちろんお前たちのものでもあるけど、それだけじゃない」と言った。冷静に考えると、確かにその通りだ。Ｂ・ｉＳＨを大切に思うのはいいけれど、頼り過ぎてはいけない。結局レールの上を走っているということも忘れてはいけない。

一旦メンバーでも持ち帰って話し合った。どっちにしろ、第2期Ｂ・ｉＳＨのようなオーディションは、私たちが携わるかどうかに関係なく、渡辺さんはやるだろう。だけど私たちが一緒に携わった方がファンの人も受け入れやすいのかもしれない、という意見も出た。メンバーでの話し合いを経て、最終的に私たちもこのプロジェクトに参加することになった。正直、否定する気持ちはない。第2期Ｂ・ｉＳＨと言っても全くの別物になることも分かっている。だけど、どうしてか気持ちの整理が追いついていない自分もいた。きっとまだ解散していないし、後の清掃員の想いを考えると複雑な気持ちになるからなのだろう。

「また絶対来ますね」

12月16日

「FOR LiVE TOUR」岩手 KLUB COUNTER ACTION MIYAKO

昨日前乗りして、クラブカウンターアクションのオーナー太田さんのやっている焼肉屋さん「もりもり」で、みんなでご飯を食べた。

アイナとチッチとイベンターの佐々木さんと同じテーブルを囲んで、腹筋が痛くなるくらいみんなで笑った。まだこんなにくだらないことで笑い合えるんだって、なんだか嬉しかった。太田さんはいつものように「モモコ！」と気さくに話しかけてくれて、それも嬉しかった。10月の横アリにも来てくれたが、そのときは知らない人が多くてアウェイだったなーと言っていたのが印象的だった。

ここは、BiSHが連れてきてくれた数ある場所の中でも、大切なところのひとつだ。宮古にはBiSHとしてとても大きな思い入れがある。オーディション合宿で『オーケストラ』を奪われそうになったとき、壊れそうなときに、ここで行ったライブがみんなを繋ぎ留めてくれた。そんな気がする。BiSHに入るまで、宮古という場所すら知らなかった。当然、そこにいる人たちのことを考えたこともなかった。そう考えると不思議だったし、出会えてよかったと心から思う。

アンコール2曲目『ALL YOU NEED IS LOVE』の歌始まり、0番（舞台の真ん中）に立った瞬間、以前ここに立って同じ曲をやったときのことが鮮明に思い出された。私たちがたとえ変わってしまったとしても、この場所はずっと変わらないんだろうと思った。そしてまた無条件な笑顔で私たちに沢山のものを与えてくれるだろう。

「また絶対来ますね」。そう言って、みんなで写真を撮ってお別れをした。

「凍らない街」

12月17日

「FOR LiVE TOUR」宮城 Rensa/LIVE HOUSE enn 2nd

このツアーでは最後の地方公演の日だった。

ライブ終わりに疲労感を感じながらジャンボタクシーで山道を移動する。もうこのしんどさも共有できなくなることが寂しかった。いい感情だけじゃなくて、嫌な感情だったり、苦しかったり、生きている間に感じる綺麗事ばかりじゃない気持ちや出来事を共有したことは、私たちにとって大きかったと思う。

仙台はB・iSHに入ってから何度も来た。寒いけれど、心の奥に何か熱いものを持ち合わせたロックな精神を感じられる、とても好きな人、場所だ。

このツアーも残すところあと東京の2カ所になったけど、息つく間もなく今度は『B・iSH FES』と『世界で一番綺麗なB・iSH』のリハーサルが始まる。空き時間に『B・iSH FES』の打ち合わせをし、コントのことを話し合い、帰りの新幹線でもLIN

Eで連絡を取り合った。

12月21日

『BiSH FES』が昨日終わり、余韻に浸る間もなく、明日はもう『世界で一番綺麗なB・iSH』だ。同じ代々木第一体育館で行われるワンマンだが、昨日とはまったく毛色の違うライブで、朝起きてから、すでに明日のことで頭がいっぱいだった。

明日に備えて寝ようと思っていた頃、母親から電話があった。祖母の訃報だった。以前から老衰していて、何度かお見舞いにも行っていたので、覚悟はできていた。私は、母からの連絡を受けて何も考えられなかった。電話越しに母は涙声だったけど、私には何の感情も起こらなかった。起こらないようにしていた。悲しんでいたら明日の大舞台に立てないと思った。

「歓声と静寂」

12月22日

「世界で一番綺麗なB・iSH」国立代々木競技場第一体育館

『FOR HiM』を椅子に座って歌っているとき、昨日亡くなった祖母のことを不意に思い出した。実家に帰るとよく「頑張ってるね。すごいね」と嫌になるほど言ってくれた。B・iSHでテレビに出るときも楽しみにして見てくれていた。その姿を見せられてよかったと思った。今日は母や叔母、いとこも客席に来ている。祖母も見に来てくれているかもしれない。けれど、私はなくなってしまったものより、今ある悲しみだったり感情に目を向けたいと思った。

アンコール明けに、6月29日に東京ドームで解散することを発表した。「東京ドーム」と発表したとき、一気に会場がどよめき、みんなの手が上がったが、解散すると言った途端、その手は一気に下がった。発表するまで自分がどんな感情になるのか予想もつかなかったが、私は意外と冷静だった。まだうまく想像がついていないからだろう。〃6月29日東京ドーム〃はまだ文字の羅列でしかない。同時に、想像がつかないということはまだそこに立てる状態ではないのかもしれないと思った。そこに行くまでに、自分たちに何が必要なのだろうか。そんなことを家に帰ってから考えた。

「懐かしい匂い」

12月24日

「FOR LiVE TOUR」東京 LIVE HOUSE FEVER／heavysick ZERO

今日は「FOR LiVE TOUR」ラストの日だ。5月からずっと全国各地のライブハウスをホールツアーと並行しながら回ってきた。新代田のFEVERでライブを終えた後、それぞれ一旦解散する。クリスマスで道が混んでいたのでタクシーを使わず、中野駅北口からヘビーシックに一人歩いて向かった。

駅から中野の雑多な街並みを歩いていると、初めてのワンマンライブに胸を躍らせていた8年前の感覚が身体に蘇ってきた。2015年5月31日。あの日も駅から一人でライブハウスに向かって歩いていた。そのときにイヤホンで聞いていた曲すら思い出すことができた。

あれから数々の大きな、大きすぎるステージにも立つことができたが、当時ヘビーシックは私にとって大舞台だった。

ヘビーシックの会場に着き地下へと階段を降りていくと、懐かしい匂いがした。

沢山の紆余曲折があったけれど、今思えばB・i・S・Hの運命はあの日から既にもう全部決まっていたような気もしてくる。

本編最後の『beautifulさ』で「My home飛び出して行って お先真っ暗の道 走りさまよったらほらそこに光みえたんだ」というパートを歌ったとき、初のワンマンライブを終えたあとで泣きながら帰った夜のことをまた思い出した。

光の方に進むのは眩《まぶ》しくて大変なことだったんだと、今なら分かる。

このツアーの中で、自分がお客さんより高い位置のステージに立つ意味を沢山考えてきた。その答えははっきりと分かったわけではないけれど、誰かに「ついていきたい」と思ってもらえるように、自分を光の方に持っていき、さらけ出す。ステージとは、そうするからこそいられる場所なのかもしれないと思った。

中野ヘビーシックの階段

12月28日

COUNTDOWN JAPAN 22/23 幕張メッセ国際展示場

今年の仕事納め兼ライブ納めは、CDJ EARTH STAGEのトリだった。B・i・S・Hの前は[Alexandros]さんだった。[Alexandros]さんはカッコよくてとても尊敬しているし、沢山の勇気をもらえたバンドさんだ。私は、特に『starrrrrrr』という曲の中の「泣けば良い誰より笑えば良い」という歌詞に何度も救われた。バンド名が変わっても、メンバーの入れ替えがあっても、核にある大切なものや意志を守り抜いている強さも感じていた。そんなバンドさんを前にして、最初で最後のCDJでトリを任せていただけたのは夢みたいだった。

1曲目の『オーケストラ』の位置につき、曲が始まる。幕張メッセを埋める約2万5000人のお客さんを見ると怯んでしまいそうになる。フェスの場合は私たちのファンだけではないから尚更だ。それでも[Alexandros]さんに引けを取らないくらいカッコいいライブをしたい、しなくちゃいけないと思った。

ライブ中、会場の後ろで緑色に光る非常口のランプを見つけた。昔、渡辺さんに「ライブ中にどこを見ればいいか分からない」と相談したとき、「非常口を見ればいい」と言われたことを思い出した。私は上手くないかもしれない。カッコよくないかもしれない。だけどこうやって8年間ずっとB・i・S・Hの一員として、ライブに、ステージに立つことに向き合ってきた。だから大丈夫だ。誰が何と言おうとそれは事実だ。そう思うと、堂々とできた。

『ALL YOU NEED IS LOVE』で肩を組んでいるとき、振り入れをした日の光景を思い出した。あのときはこんなに沢山の人の前で踊るとは考えてもみなかった。メンバーと肩を組むと、みんな背にびっしょり汗をかいている。みんな一緒なんだと思った。
曲が終わると、全員で肩を抱き合い、笑顔で「最高だった」と顔を見合わせた。ライブが終わっても、不思議と疲れは感じなかった。今年のライブ納めがこのライブで本当によかったと思う。

12月29日
THE YELLOW MONKEYの吉井和哉さん提供の曲『Bye-Bye Show』のミックスが届いたので聞いた。すごく好きな歌だった。けど、やっぱり1番に私のソロパートはなかったし、1サビは最後の最後まで歌えなかったな、と思った。まあ、そうか、そうだよね。

2023年1月10日～

6月29日

「残り半年」

2023年1月10日

「東京ドームが発表され、残りの半年はどんな風に過ごしますか？」

年が明けてからも、もう耳にタコができるほどインタビューや取材で聞かれている。

「解散ということを忘れるくらいワクワクした半年にしたいです」

というようなことを、振られたら毎回答えていた。しかし、去年から今年に移り変わったって、劇的に変わることは何もない。きっと今年も嫌なものは嫌だし、ムカつくことはあるし、もどかしいことはもどかしいままだ。

ただ、去年よりも、個人でも、ＢｉＳＨでも、やることが明確になっているのはいいことだ。迷路を抜け出して、たどり着くまでの道が明確になれば、もっと軽やかに周りを見渡しながらその道を歩いていけるはずだ。

それでも今日もライブだし、小説も明日までに提出したいし、きっと息つく間もなく半年過ぎてしまうのかもしれない。

1月16日

ＷＡＣＫツアー名古屋・大阪公演を終えて、品川駅で新幹線を降り電車に乗って帰った。最近はタクシーで帰っていたから、電車で大荷物を持ちながら人ごみに紛れるのは久々の感覚だった。

昨日の大阪公演で「豆柴の大群」新メンバーのモモチ・ンゲールちゃんが「ＷＡＣＫに入るきっかけになった」と、1作目のエッセイ『目を合わせるということ』を楽屋に持ってきて話してくれた。『目を合わせるということ』は、ライブ帰りの電車内でよくスマートフォンで執筆していた。そのときの感情は、いつでも前向きなものではなかった。ライブは私にとって、たとえ辛くても泣きたくても、自信がなくても、ＢｉＳＨでいるからには逃げちゃいけない場所、立ち続けないといけない場所だった。だから、ステージに立っている自分がどう思われているのか気になって、必死にＳＮＳを見たり、終演後の物販で少し褒められただけでも泣き出しそうになったくらいだった。私としては、あの頃も今も特に変わっていないと思っていたけれど、確実に時間は経っているし、変化はしているのだろう。

ＷＡＣＫツアーの楽屋でも、取材中でも、最近は6人の中にいい空気感が漂っている気がする。どこか殺伐《さつばつ》としていたり、くだらないことで喧嘩したり、そんなこともない。みんなちゃんと大人で、グループとしての時間もちゃんと大切にして、メンバーをちゃんと気遣って。そういうことを自然と意識しているのだろうか。

「解散したあと、この番組出たらさ、私のことも呼んでよ」とかそんな会話、前の私たちだったらできなかったと思う。周りよりも、私たちが一番、終わりや解散を受け入れている。少し寂しい。

「涙が花びらに」

1月18日

ラジオのあとに、代々木のスタジオで『Bye-Bye Show』の振り入れがあった。振り付けを担当しているアイナが、テーマやサビの説明をしてくれた。

「涙が花びらに変わって、それをお客さんたちに配る」と言ってた。

その言葉を聞いて、東京ドームで披露するときは、自分たちの涙をShowとして、お客さんに分け与えることができるくらい胸を張っていられますようにと願った。

ラスサビの「Bye-Byeしよう」では「B・i・S・Hは誰でもセンターになれる」と言って、センターが毎回変わる振り付けをつけてくれた。

すごく素敵な振り付けだと思った。

ずっとこんな精神に助けられていたんだな。

終わって帰ったのは結局深夜1時半くらいだった。

「あと少しだから頑張って」

2月5日

特典会東京。

子供からおじさんまで幅広い層の人が会いに来てくれる。私より活発そうな学生さんに「元気をもらってます」なんて言われた。目の前で涙を流してる人がいて、どうすればいいか分からなかった。

最後にどんな顔をしていればいいだろう。

「解散後も輝いていてください」

「この日のために海外から来ました」

「初めて人を好きになりました」

「第二の青春でした」

「今日が最後かもしれないです」

私一人では抱えきれないような、気持ちのこもった言葉をかけられた。その一つ一つに対して反応していたら、こっちまで泣いてしまいそうだった。

だから、

「またライブ来てくださいね」

「またね」

と笑顔で返すのが精一杯だった。

今は派手な応援はしていないけど、結成当初から来てた人に「今もライブ見に行ってるよ」と言われて心強かった。

「あと少しだから頑張って」と。そうだね、あと少しだから頑張ろう。

2月10日
福岡の特典会に前乗り。行きの飛行機の中で、2作目の小説のエピローグを書き終えた。

昨日は『Bye-Bye Show』のMVのオフラインが送られてきて、今日は最後のアーティスト写真が送られてきた。

今月中には、もうラストツアーのリハーサルもあるし、確実に最後の日は迫っている。

しかし、不思議と去年よりも、焦りや悲しみは少ない。それよりも、笑顔や優しさ愛しさが溢れる日々を送れているように思う。

「解散の日が東京ドームに決められていることは幸せだと思います」

こんな言葉が最近のインタビューで自分の口から出たこともあった。

どうして、終わりに近いのに幸せなのか、よく分からなかった。

絶対に、幸せなものにする。全員にとって。そのために笑っていよう。笑えるように丁寧に。大切なものを見逃さないように。

「絆は縛りつけるものでもある」

2月19日

「WE ARE ONAGAWACKERS!!」 宮城 女川町生涯学習センターホール

先週は個人の仕事をする週で、グループとしての仕事が久々だった。女川でのイベントとライブは2020年以来3年ぶり。ファンの方、WACKメンバー、現地の方々と触れ合えて心温まる、思い出深いイベントだが、BiSHとしての参加はこれが最後になる。解散という目に見える終わりがあるから、それを意識することが多い。だけど、本当は出会いと別れなんてきっと気泡が弾けて、また新しいものが生まれるみたいに絶え間ないものので、普段から気づかないうちに沢山通り過ぎていっているのだろう。

1日目のライブで久々にメンバーとステージに立って、同じ衣装、同じ曲に合わせて、同じ振り付けをして、やっとグループの感覚を思い出した。

女川という震災を乗り越えてきた街で、ステージから見えるお客さんの沢山の顔を眺めながら、一人ひとりがこの曲にどう向き合っているのか、どんな想いを抱えているのか、少し考えてみた。普段は〝魅せる〟ということに重きを置いているし、お客さんの気持ちに引っ張られてもいけないから、曲が流れている間は、お客さんの顔をあまりまじまじと見ない。だけど、会場に集まったお客さんの想いを受け止めて、その上で自分たちの出せるものをぶつけるのがライブの基本であり、意味なんだと思い出した。

明日からはもうホールツアーのリハが始まる。最後のツアーはこれまで支えてくれていた楽曲をより一層大切にしたいと個人的に思っている。だから、そのツアーにつながるヒントをもらえたような気がした。

帰りに、ONAGAWACKの主催者、「蒲鉾本舗高政」の高橋さんと「頑張ってください」「頑張ります」を言い合ってお別れをした。

帰りの新幹線に乗ってるときに、『Bye-Bye Show』の詳細が解禁された。SNSの画面上でファンの人たちが微笑みながらも涙を流しているのが伝わってきた。

エリザベス宮地さんの撮ってくれたメイキングを見た。イエモンの吉井さんが「絆は縛りつけるものでもある」という話をしていた。〝絆〟は美しい言葉に聞こえるけど、それだけじゃないなと納得した。今は、みんなでいて、笑えること、助けられること、学べること、楽しいこと、素敵なことも多いけど、やっぱり一緒にいるからムカつくことも、思い通りにいかないことも、嫌になってしまうこともある。それも、きっと私たちの〝絆〟がまだ結ばれている証拠なのかなと思った。

2月25日

今日は仙台でバイバイ会だった。B・i・S・Hとして最後の特典会になる。

コロナ前はいつもライブの前や後に毎回ファンの方との触れ合いがあって、私はその時々の言葉にかなり助けられていたし、今思うとすごく頼ってきた存在だった。

SNSにいきなり「息ができない」「自分のことが嫌いだ」と投稿したこともある。ファンの方にそんな言葉を発するのは、分かってもらいたいという思いや甘えだったと思う。共感してもらって、一人じゃないと思いたかったのかもしれない。アイドルは夢を見せる仕事かもしれないけれど、私はそうはなれなかった。自分の弱いところも知ってもらって、その上で受け入れて欲しかった。分かって欲しかった。

直接会える最後の機会に、そんな私をいつも支えてくれていたファンにどんな言葉をかければいいのか、ずっと考えていた。だけど、何も言わなくていいのかもしれないと思った。それよりも今は受け取ることが大切だと、自分の中で腑に落ちた。

私の知らないところで、B・i・S・H、モモコグミカンパニーを支えとしてくれていた人の全部の気持ちは分からないし、計り知れない。私はその人のことをほとんど知らない。だから、受け取ることが何よりその人のためになるのかと思った。主役は自分ではなくファンの方たちだという気持ちで最後の特典会に挑んだ。

いつも制服でライブに来ていた高校生の子が大人になって、最後だからと会いに来てくれた。よく耳当てをしていた人がまた同じ耳当てをつけて会いに来てくれて、あの日の記憶が一気に蘇った。かと思えば「初めまして」の人がいたり、こんなに色とりどりの人に会えるのはB・i・S・Hにいる間だけだと思った。すごく貴重な経験だ。どんなジャンルの人でも一緒に笑い合うことができるのを教えてくれたのは、B・i・S・Hに想いを届けてくれたファンの人だった。

「モモコちゃんのお陰で人生が変わりました」。私は、ただ苦しんで、泣いて、それでも支えられて、大好きなグループの活動にしがみついてきただけなのに。そんな言葉を自分より大人の人たちに言われると、全部無駄じゃなかった、頑張ってよかったと思えた。

「最後の手紙を読むからポーズなしで適当に撮ってください」という人、「かわいい」と言って嬉しそうな人、緊張して何も言えない人……、その一人ひとりと交わす最後の直接の挨拶だと思うと、なんだか、お棺の中に入って花を手向《たむ》けられている気分になった。

並行している第2期BiSHのオーディションでも「誰かのためになりたい」「笑顔にしたい」ということを志望動機にしている人は沢山いる。私は元々そんなこと思わずにグループに入って活動を続けてきたけれど、結果誰かの光になっているのかもしれなかった。最後に少しでも強い光になるようにと、一人ひとりの目を見て笑顔を作った。

「そんなモモコが東京ドームに立つんだもんな」

4月6日

松隈さんに今までのB・iSHの代表曲をいくつか再録してもらった。『プロミスザスター』の2Aを再録しているとき、松隈さんが「この部分でモモコの使い方が分かったんだよな」と話してくれた。松隈さんが当時そんなことを思っていたとは知らなかった。『プロミスザスター』は私にとって、B・iSHを本気で辞めようとしていたときにレコーディングをした、再出発の曲だ。この曲でB・iSHに違う角度で向き合い、やっと地に足がついたのかもしれない。松隈さんはレコーディングで、そんな自分の生き様も感じとってくれていたのかもしれない。

「最初のレコーディングで、『モモコは100人いたら終わりから数えたほうが早い』って、歌について言われました」と松隈さんに言ったら、「そんなモモコが東京ドームに立つんだもんな」という言葉が返ってきた。

最初は、声、というか、かろうじて息しか出ていなかったような私が、東京ドームに立てる。確かに、すごいことだよなと思ったし、こんな私だからこそ、色んな人の希望になれるのだろう。

でも、そんな私の生き様に一番勇気をもらっているのは私自身かもしれない。これからは今までよりもっと堂々と、ステージで自分にしか歌えない歌を歌おうと思った。

私にとって、BiSHの中で歌に向き合うのは辛い経験だった。でも、そこに向き合い続けてきたことは無駄ではなかったと思う。無駄にはしたくない。

「生きたい」

4月8日

「PUNK SWiNDLE TOUR」秋田 あきた芸術劇場ミルハス

3月の終わり頃、マネージャーさんから電話がかかってきて、アイナがソロの撮影で怪我をしてしまったことを知った。4月の1週目までのBiSHの仕事には参加できず、ツアーも予定通りには開催できないと伝えられた。

まず、命に別状がなかったことは不幸中の幸いだった。それだけは本当によかったと思った。東京ドームの日まで当たり前にＢｉＳＨは続いていくのだと、私は心のどこかで思っていた。メンバーが、ＢｉＳＨを支えてくれている人が今存在していて滞りなく活動できていることは、決して当たり前ではない。今までの私は解散までの残りの慌ただしい日々をただ、カウントダウンしているだけだったかもしれない。もっと色んなことに感謝すべきだし、近くを舞っている花びらをただ眺めるだけではなく、落ちていったものも拾いにいくべきだった。そのくらい貴重な日々なんだと再認識した。

今日はアイナの復帰のライブだった。ＭＣで、アイナは「怪我をしたとき、生きたいと思った」と語っていた。生きたいと思うことは、消えたいとか死にたいより何倍も辛かった、と。

「桜が散る前に」

4月9日
「PUNK SWiNDLE TOUR」 岩手 岩手県民会館
東京は桜が散り始めているけれど、岩手は今が満開らしい。リハーサル前の空き時間に少し散歩に出た。桜は散るからいいんだって聞いたことがあったけど、確かにいつも満開だったら、感動もなく、ただの風景になってしまうのかもしれないなと思った。ＢｉＳＨ

で当たり前になんの滞りもなく、周りにも恵まれて、全員でステージに立てて、お客さんがいて、という状況は、桜でいう満開だったんだなと思う。

最近は、アイナが病み上がりで全部のダンスに参加できなかったり、チッチが少し調子悪くて、本番1時間前に歌割をメンバーに割り振ったりした。そんな万全とは言い難い状況でも待ってくれているお客さんは沢山いて、私たちはステージでライブをしないわけにはいかない。満開だった桜は当たり前じゃなかった。今の自分たちにできることは、BiSHという桜の木を枯らさないことだろう。終わりが近づくからこそ、今まで有耶無耶《うやむや》だったこともはっきりと輪郭を現わしてきたりする。そのせいで上手くいかないことだってある。それでも、BiSHを守り抜かないといけない。それはステージに立つ自分たちにしかできないことだ。怖い。だけど逃げちゃ駄目だ。向き合いたい。

「逃げたくて仕方ないとき」

4月13日

ステージには、芸達者な人が立つ。そんな当然のことも無視して飛び込んだステージにしがみついて今までやってきた。素人上がりで最初、私はきっと誰よりも自由だった。だけど、怖いもの知らずな私は、ステージの上で怖いものを沢山見てどんどん萎縮《いしゅく》してしまったようにも思う。けれど、同時に私にはないものを沢山持っていて、自信に満ち溢れているように見える人にだって、恐れるものは存在するのだということも知った。

昔は親が当たり前のように助けてくれて、守ってくれた。けれど、そうやって守られてきた幼いときより、大人になった今の方が怖いことは多い。怖いものから自分を守るために、私はどんどんひん曲がっていった。しかし、不器用に築き上げて、生き抜くために関わってきた全ては絆となり、恐れや不安、関わってきた全てが今の糧となっている。今までのステージ上の自分を振り返ると、そう思える。目を背けたくなるような恐れや不安すら、ステージ上では味方になってくれる。そう考えると、今だって怖いものは何もない。

ＢｉＳＨでの残りの毎日が苦しくて、逃げたくて仕方ないときもある。終わりがあることを糧にしてＢｉＳＨにしがみついている。

４月は休みが１日あるかないかだし、同時並行で新しいグループにも関わっている。嫌でも終わりと始まりに向き合わされ、逃げるにしてもほんの僅《わず》かな隙間しかない。そんな隙間に自分を捩《ね》じ込んだとしても、もはや苦しいだけなのも分かっている。だけど、ＢｉＳＨとしての日々を苦しい記憶で終わりたくない。こんなに向き合わされるのも今だけだ。苦しいのもきっと今だけだ。これからは、もっとそんな日々を自分なりに少しでも噛み締めたい。少しでもいいものにしようという心構えで周りと触れ合っていきたい。

4月14日

「PUNK SWiNDLE TOUR」北海道 札幌文化芸術劇場hitaru

ＢｉＳＨで北海道に来るのは通算35回目だった。今回で最後の札幌公演になる。ＢｉＳ

Hとして生きていなかったら、こんなにも北の大地に足を踏み入れることはなかっただろう。アユニの出身地である北海道は、いつの間にか身近な存在になっていて、今回でBiSHとして来るのが最後だなんて実感もしづらい。この土地にこんなにも大切に思ってくれる人たちがいる。それを知れたこと、大事な存在となった彼らに出会わせてくれたことは、私にとって大きな出来事だった。

明日はまだ足を踏み入れたことのない、初めましての釧路だ。最後の北海道なのに、明日は初めましてなんて不思議な気持ちだ。

前乗りした釧路は札幌よりも寒くて、札幌よりも人気《ひとけ》が少なくて、どこか寂しげな街で、神聖さも感じる。まだ知らないことは沢山あるんだろうな。

「もう東京ドームは始まってる」

4月22日

「PUNK SWiNDLE TOUR」沖縄 那覇文化芸術劇場なはーと1日目

東京ドームが完売した。嬉しいか嬉しくないかと言われると嬉しいが、やったーっ！と両手を上げて喜ぶ気分でもないのが正直なところだった。

なんでだろう。完売してもしなくても、どちらにせよそれがBiSHの最後だから。どう転んでも特別な日になることは間違いないと思うから。そういうことをみんなが感じているからこそ、完売になったのかもしれないとも思う。

沖縄のお祭りのような客席に包まれて、ここが東京ドームだと思ったら身が引き締まった。しかし、これが最後だとしても、今の私のＢｉＳＨに対する考えや自分のポテンシャルが劇的に変わる、とは思えない。変わるのは周りだ。東京ドームの客席からのパワーはすごそうだと思う。だけど、そんなときこそ内から湧き出るものも大切にしたいと思うし、ステージの上で最後の日を迎えたとき、どんなものが湧き上がってくるのかも楽しみなところだ。

ステージの上でどれだけ恥をかこうが、誰かのせいにしない、言い訳をしない。悔いのない最後を迎えるためには、それまでの時間をどう過ごすか、どう向き合っていくかにかかっているのだろう。もう東京ドームは始まってる。

「凱旋」

5月2日

「PUNK SWiNDLE TOUR」新潟 新潟県民会館

（『Bye-Bye Show』前ＭＣメモ）

私は小さい頃、転勤族で小中学生で新潟に住んでいたことがあります。新しいクラスメイトに受け入れられるように、転校先でいじられキャラに徹していました。それでもまあ、周りが笑ってるからいいやって全部全部押し込んでへらへらしてたらいつの間にか本当に怒ったり泣いたり笑ったりできなくなってしまいました。

いつか心から笑えたらいいなって思いながら帰り道や家で泣いたりしていました。

本当の感情を人前で出すことが何より怖いことになっていました。もしかしたら、今もそうかもしれないです。

でも、歌詞だったり本とかで本当の感情を出したらみんな受け入れてくれて、少しずつありのままの自分にも意味を見出せるようになったりしました。分かってもらえなくていいと押し潰していた感情はずっとずっと分かってほしいと悲鳴をあげていたんだと気づきました。

ライブ中、みんなが自由にこちらに感情を委《ゆだ》ねて泣いたり笑ったりしている姿をみて、こうやって笑えばいいんだ、こうやって泣けばいいんだっていつも教えてもらっていたような気がします。

残り少ないですが、ステージに立っていられる今、みんなの顔をたくさん焼き付けたいなと思っています。出会ってくれてありがとう。そして、これからもよろしくお願いします。


新潟には小5から中1の頃まで親の転勤の関係で住んでいたことがあった。だから、『Bye-Bye Show』の前のMCで少し自分のことをメインで話してもいいかもしれないと思い、こんなメモをもとに話した。他のメンバーの故郷各地を訪れたことはあったが、私は今まで凱旋ライブというものをしたことがなかった。だから、今回は新潟ライブを自分の凱旋という気持ちでしようと考えたのだ。メンバーとステージに立ち、こうやって自分の育った場所にBiSHで還って来られる。それはとても幸せなことなんだ。みんなの気持ちが分かった気がした。

帰りの新幹線で、ぼんやりする頭に鞭打って、小説の構成チェックを少しした。編集者さんから連絡があり、推薦文を窪美澄さんに書いていただけることが決まったと聞いた。推薦文を誰に書いてもらいたいか聞かれたとき、真っ先に窪さんの名前を出した。1作目の小説を書き始めた頃、この作家さんのようになりたいと考えていた人だった。直筆の手紙も一緒に送らせてもらったが、まさか受けてくれるとは思わなくてとても嬉しかった。

「花束」

5月3日

「JAPAN JAM 2023」

昨日の夜中、新潟から東京に戻ってきた。朝起きても、疲労感は身体にまとわりついていた。一番大きなSKY STAGEのトリを私たちは任されていたし、JAPAN JAMに出るのは最後だ。こんな身体で大勢の前に出られるか心配だった。私たちのステージの前にサンボマスターさんの最後の曲『できっこないをやらなくちゃ』のコラボもさせてもらうことになっていた。

「B・iSHが花束〜」という山口さんの言葉で呼び込まれて私たちはお客さんの前に立つ。ステージに出ると本当に沢山の人がいて驚いたが、サンボさんのステージにもかかわらず、私たちは全員から歓迎されているように感じた。この後はB・iSHの出番。最後のステージの上では自分らしくいようと思った。

人が多いステージほど、自分自身を信じることが必要だと思う。いつもこんなに沢山の人の前に出るときは多少緊張もあるが、ジングルが出てステージに上がると、やっぱり大勢のお客さんが迎えてくれて安心する。トリだから、その全員が私たちのパフォーマンスを見に来ているということになる。東京ドームもこんな感じかもしれないとふと思った（あとから聞いたら、4万人近い人がいたらしい）。ここは私たちのテリトリーだ。誰にも何も言わせねー、と強気な気持ちでステージに立った。この中で私たちを見るのが最後の人はどのくらいいるだろう。泣いても笑っても、もうおさらばだ。

ライブ終了後、ロッキン主催者の小柳さんのインタビューを受けた。16カ月続いてきた連載の最後の月のインタビューと、解散について話した。小柳さんのインタビューはいつも私たちに気づきを与えてくれたと思う。慌ただしくて振り返る余裕も立ち止まる暇もなかった12カ月連続リリースをしながら受けた小柳さんの月1回のインタビュー。その時間があったことは、私たち自身を改めて知るきっかけになっていたと思う。沢山のバンドを見てきている小柳さんは私たちをいつもバンドとして見てくれていた。だから、私もバンドとしてのB・iSHを考える機会にもなった。

解散についてのみんなの話を聞いて、BiSHはメンバーそれぞれにとって色んな意味合いがあることを知った。BiSHとは、その子の人生においての陽・陰であったり、青春であったり、寄り道、装飾品、色んなものだったのだろう。

私にとって、BiSHのモモコグミカンパニーは仮面だったかもしれない。本当の自分を閉じ込めていた、あるいは守っていた。隠していた。表面で笑いながら内側ではずっと小さなナイフで沢山突き刺されている。そんなことが山ほどあった。本来の自分にずっと自信がなかった。

東京ドームでは、そんな殻を完全に割らなくてはいけない。そして今までもがき続けていた本当の自分が放たれるときが来たらいい。

落ち込んでいたとき、反対方向にいる人が命綱のような一言をくれた。ここにいていい、生きていていい、と言われたような気がした。

私もそんな命綱のような、愛や感謝を込めた歌が歌えたらいい。やっと納得できる答えが見つかった気がした。自分のために歌うのは、きっとそのあとでもいい。

「温かな血」

5月12日
「PUNK SWiNDLE TOUR」岡山 倉敷市民会館

（MCメモ）

最後のツアーです。ツアーが終わってもまた次のツアーが発表されるのが今までの当たり前でした。

でもこのツアーが終わったら次のツアーはありません。

このツアーが終わってどんな気持ちになるか。これぱっかりは、どれだけ考えてもわからない。

駆け抜けてきた私たちですが、今は立ち止まりながら前へ進んでいる。そんな独特な空気が流れています。

BiSHの活動を振り返ると、ライブばかりしてきました。成長させてくれたのもライブです。

BiSHの始まりはライブですし、最後もライブになりそうです。

私にとってBiSHのステージはキラキラした憧れのステージ！というより自分の形や今のBiSHの形を確かめる場所だったかもしれません。

ここにいていいんだな。自分のままでいていいんだな、そう思わせてくれる場所。等身大でいさせてくれたし、そんな自分を受け入れてくれました。

同時に私たちのライブに来てくれるみなさんもそのままの自分でいてほしいと私は思っているし、皆さんはそんな場所を求めてこの場所にいるのかなと考えていたりもしました。

私たち6人はＢｉＳＨの身体、本体かもしれない。でもそれだけでは私たちは動けません。私たちにいつも温かな血を注ぎ込んでくれて、動かしているのはあなたたち一人ひとりです。みなさんは私たちの血だと思っています。

今日の日も、東京ドームの最後の日に繋がっています。あなたたちの意思、想いの一つ一つ、いつも温かい血を注ぎ込んでくれたから私たちは生き続けられたと思います。解散後もその血をあなたの中で絶やさなければ私たちも消えないはずです。

私たちを見つけてくれて、私たちの音楽を愛してくれてありがとうございました。

5月13日

「PUNK SWiNDLE TOUR」山口 周南市文化会館

新型コロナウイルスのガイドラインが緩和されて、マスクを着用していないお客さんもいる。ステージから『Nothing.』の歌詞を口ずさんでくれているお客さんが目に入った。普段から沢山聞き込んでくれたんだな、この人にとって生活の一部として私たちが存在するのだろう、と思った。

5月25日
「PUNK SWiNDLE TOUR」東京 LINE CUBE SHIBUYA

リハーサル前、久しぶりにボイトレに行った。ツアーを回っていく中で、歌について考えることがよくあった。高いところを歌うときに、裏声を使ってみたり、地声で張ったり、色んな歌い方をしてみた。だけど結局、どんな風に歌いたいのか、どんな自分でいたいのか。結局、ライブ後に実感として手応えのようなものが残るのは、音程が届かなくても地声で張る方だった。

ボイトレの先生に会うと、「前に練習した『プロミスザスター』は、やってる?」と聞かれた。何のことかと思ったけど、すぐに思い出した。前回訪問したのはツアーが始まる頃で、毎公演『プロミスザスター』が入っているから、アイナが辛いとき高音部分を助けられたらと思って、練習しに来たんだった。だけど、実際、そんなとき助けていたのはハシヤスメやチッチだった。私は自信を持って助けることができなかった。結局自分のことばかりになって、メンバーに頼ってしまっていた。

アイナの怪我で延期になった公演がまだ残っているが、本来はこの渋谷でツアーファイナルだった。これまで沢山の遠征をして地方を回ってきたからこそ、やっとここまで、BiSHが生まれた渋谷までついに帰ってきたな、という気持ちだった。本来ならここでツアーが終わりだったことが信じられなかったし、今日が実質ファイナルでなくなってよかったと思った。まだ公演が残っていることに安心した。

ラストツアーで30本近いライブをする中で、自分が嫌いになったこともある。ステージに立って人に見られるのが苦痛だったこともある。どうして、こんな私を誇らしいと言ってくれる人がいるのか、愛してもらえるのか。そんなことをずっと自問自答していた。でもそんな日があってもまだ、私はB・i・SHとしてライブをしたいんだ、という気持ちに気がついた。あと4公演、真摯に向き合おう。

リンリンが『Bye-Bye Show』前のMCで、この公演で渋谷に桜の木を植えると言っていたのが印象的で素敵だった。

6月1日
「PUNK SWiNDLE TOUR」千葉 市川市文化会館
ずっと来ないんじゃないかとも感じていた2023年6月に、気がつけばさらっと突入していた。2作目の小説を刊行するという情報を解禁した。
アイナが「モモカンの小説が実写化されたら、主題歌作らせてよ」と言ってきて、「いや、でもホントにそうなったら、忙しいとか言ってやんわり断られそうよね」と返した。そんなことを言って笑っていたけど、新しい夢ができたみたいで嬉しかった。
今日の千葉は振り替え公演。なんとなくツアーのピリついた空気がなくなってきた気がする。みんな純粋に、最後まで残り少ない公演を楽しもう、嚙み締めようとしている。終わるってこういうことなのかもしれない。もう、私たちのがんじがらめだった絆は、少しずつ緩まり始めている。

リンリンのお腹が不調で、一緒に全ての曲に参加していつもと同じように踊ることができないというアナウンスを会場に流した。踊れなかったとしても、同じステージにいることに意味がある。今の私たちはそんな感じだ。

帰り際にライブ制作の佐藤さんに「MCよかった。小説もおめでとう」と言われた。佐藤さんには、1作目を出した後、「解散前に2作目も出せたらいいね」と言われていた。発売は解散後の7月下旬だけど、こうやって顔を合わせて報告できたのはよかった。佐藤さんにはBiSH結成時からずっとお世話になっていて、今回のツアーも毎回リハーサルから見守ってくれている。数えきれないアドバイスをもらった。東京ドームのセトリなども佐藤さんが主軸になって考えてくれている。このツアーが終わって解散したら、ライブに携わっていただいていたスタッフさんとは、もう会わなくなるだろう。どうやって恩返しをすればいいんだろう。やっぱりいいライブを体現することが一番だろうか。

「一人になるってこんな感じか」

6月7日
昨日は新しい事務所のアー写を撮った。一人になるってこんな感じかと思った。
撮影現場もいつもよりゆったりとしている。BiSHでは明日も昨日もない。時間に追われて撮影中もせかせかしていた気がする。

だけど、みんなでワチャワチャしながら撮ったのも、忙しさの共有も、なんだか楽しかったかもな。

もう、みんなでいることが懐かしい気分がした。

解散後に時間ができたらやりたいことのメモを書き始めた。

アラームをかけないで寝る。とか、そんなことしか連ねられないけど。

6月8日
東京ドームの練習が本格的に始まる。

センターステージを使ったフォーメーションの練習で、メンバーのみでスタジオに入った。

『stereo future』は幕張のオマージュ。サビでセンターステージに向かって走り出す。

東京ドームだからっていつものワンマンライブと全くの別物ではない。いつものワンマンライブと同じような準備の練習。ただそこには特別な付加価値がつく。

どれだけ大人ぶっても、ふとしたときにふざけて爆笑したり、やっぱりこの空気は唯一無二かもな、と思う。

帰り道、リンリンが駅まで一緒に歩いてくれた。なんだか懐かしい空気が漂う。

リンリンが本気で鳩を怖がったり、黄色いてんとう虫がいてテンションが上がったり。

私にはない感覚があるなと改めてハッとする。一緒のことをずっとやっていると気づけなくなってくる。それ以前に、同じ時間をこんなに過ごせたことがすごいんだ。何が私たちを繋ぎ止めていてくれたんだろう。

6月13日

昼間から東京ドームのリハで、大きなスタジオに初めて入った。昨日の名古屋公演の疲れもあってフラフラ。つなぎ、ブロック通し。その後に『MONSTERS』の振りをセンターステージ用に組み替え。

20時頃終わる。センターステージの実寸を「ここまで」とバミってもらう。その中で踊ってみるけど、いまいちまだ想像がつかない。

それから『SCHOOL OF LOCK!』生出演のため、TOKYO FMにメンバーと移動。着いたのは21時。夏の夜って感じがするね、って一緒に話した。みんなと一緒の夏はもう来ないと思うと切なくなる。

ここにきて体調がすぐれない。風邪でもなく、不思議な感じ。肌質が少し変わってきている。ほっぺたの辺りの肌がガサガサしている。こんなの初めてだった。無意識に解散が怖くなってプレッシャーを感じているのかもしれない。

最後の言葉、最後の出演、最後、最後最後最後。どこもかしこも誰かの、何かの、私たちへの想いが溢れかえっている。目の前に続々と現れるあらゆる最後をどっしりと受け止めるだけでも体力がいる。

6月18日

スタジオで東京ドームリハ、通し。

それぞれのこだわりとプライドが見え隠れする。いつもよりもみんな容赦なくぶつかっているのも分かる。だけど、誰もそこから逃げていない。

みんな強いなと思う。

私はきっと一番弱くて臆病者だ。

怖がりで、解散が近づくにつれ、どんどん弱くなっていってるのが分かる。

音楽番組、仕事で関わってきた色んな人に最後の挨拶をする。

その目は私を見ていないのが分かる。期待されていない目。

この先の自分が一体誰に求められているかも分からない。

「残り10日」

6月19日

「ＣＤＴＶライブ！ライブ！」で、『プロミスザスター』『オーケストラ』『Bye-Bye Show』をフルサイズで生披露する。

朝早くからリハーサル。フル尺で歌うことは、私の声も画面の向こうに届けられるということだ。

怖くて、でも嬉しかった。ライブで何度もやってるけど、生放送だ。本番は息が足りなくなるかもしれない。それでも、しがみついて、声にする。したい。

昨日も通しリハが終わってから、コントの合わせをしたり、メンバー内で各所の意見交換をしたりして寝たのも遅かった。本番までの空き時間で、福岡の宮地嶽《みやじだけ》神社で初披露するハシヤスメ中心の新曲振り入れ。アイナからの最後の振り入れかもしれなかった。メンバーで、最後にアイナに贈り物をしようと話していた。

気を抜くとフラフラしてくる。音楽が聞けない、食べ物がおいしくない。単純に忙しいからじゃない。胸が一杯だった。楽屋でメンバーが「新しい事務所、もしなんかあったらWACK戻ってきなよ」とか言ってくれる。「じゃあ渋谷で自販機使うときだけ、WACKの使おうかな」とか話す。

残り10日。

あと10日で満開の花が咲く。

6月20日
解散まであと9日。幕張メッセで場当たりをする。
東京ドームではないのに、一つ一つの動作がぎこちなくなる。緊張して吐きそうだった。

ＮＥＸＴの候補生の子たちも見にきてたけど、今は正直どう向き合えばいいのか分からなかった。それどころか、ふざけたり、誰かに笑顔を振りまくこと、笑い合うこと、全部、余裕がなかった。

ダブルアンコール後のリフターで最後『Bye-Bye Show』のゆったりとしたＢＧＭで降りていく予行をした。

ステージの下に降りていくとき、ああ、終わってしまう、でも終わってよかったという気持ちになる。色んな想いが溢れてきて、リハーサルなのに泣きそうになる。

リフターが下がりきり、目の前に誰もいなくなっていって、シンとしたとき、これが終わりということなんだ、解散なんだと実感した。

ステージに立つことは、背伸びしてもそれでもきっと足りなかった。かもしれない。でもそれが自分だ。悔しいけど。震えた声でも叫べたなら私はそれで十分なんだ。

6月21日

真夜中。疲れているのに眠れない。

最後のＢｉＳＨ ＦＣブログの投稿の反応をＳＮＳで見ていた。伝えたかった想いがなんとか届いたみたいでよかった。

私は良くも悪くも自分のことしか考えられない。人間なんて誰もがそうなのかもしれないけれど。

でも最近、それが裏目に出ているような気がしている。

目が合わせられなくなっている。

ステージには、自分一人で立つ気持ちでいる。

そんなわけないんだけど、でもそうやって自分を強く保っていないと、他の誰かと肩を組むこともできない気がしている。

東京ドームで最後リフターで降りていくシーンを想像した。

沢山の人に見送られるだろう。

寂しいと同時に幸福だとも思った。

「永遠の7日間」

6月22日
宮地嶽神社ライブのため、福岡行きの飛行機に乗る。

数えきれないほど遠征させてもらった。でも、これがBiSHとして本当に最後の遠征だ。

『My distinction』、『HUG ME』、『MOON CHiLDREN』――懐かしい曲。今の自分で曲の中に感情を探るけれど、当時みたいに心をうまくガチッと重ねることはもうできない。もどかしい気持ちもあるけど、大人になったということかもしれない。

6月29日のドーム後に、それぞれのメンバーの進路がHPで発表されるらしい。私はワタナベエンターテインメントさんの文化人部門に所属することが発表される予定だ。文化人なんて響きは私にはカッコ良過ぎてむずむずしてしまうが、ずっと憧れていた存在に自分も片足を突っ込める。そんな風に生きていける存在になりたい。今は形だけかもしれない。でもいつか板につくように頑張りたい。

リンリンが改名するって聞いた。めちゃくちゃいいじゃん！　ブランドの名前みたいでカッコいいねって話した。

1週間は短い。だけどここ最近、私の中では一つ一つの時間が東京ドームに向かって走馬灯のようにゆっくりと流れている。単なる物理的な時間では測れない。

この1週間は私にとって、あなたたちにとって、永遠の7日間になるはずだ。

6月23日

朝9時の飛行機で東京に帰る。両隣のハシヤスメとアイナが爆睡する間で、私もなんだか安心して、いつの間にか眠っていた。メンバーが眠っているのを見ると何故か安心するのだ。こうやってメンバーに挟まれてどこかに遠出するのも、もうないんだろう。もともと人との接触が苦手な私は、正直窮屈に思ったこともある。なんとか避けようとしても、近くにはいつもメンバーがいた。移動中でもいつでも一緒だった。みんながどういうふうに寝るかも知っている。

美容院に行った。リハーサルで衣装を着て以来ずっと、どんな髪型で最後のライブに出ようか考えていた。ドームの靴紐の色が紫で、アンコールの衣装にも紫が付いているから、全部髪色も紫にしてイメチェンしてやろう!! とか色々考えていた。だけど結局、根本の暗くなっている部分のブリーチと、いつもやっているような明るいベージュカラーをお願いした。

普段とは違うようなこと、特別なことをするより、私が求められてるのはいつものモモコグミカンパニー、いつものＢｉＳＨのような気がしたからだ。

とにかくＢｉＳＨはＢｉＳＨのまま走り抜ける、それが一番のような気がした。

「現実」

6月25日

「PUNK SWiNDLE TOUR」群馬 高崎芸術劇場 大劇場

朝起きるとあと5日、頑張れ！ と、学生時代の同級生の何人かから久しぶりに連絡が来ていた。昨日、ＮＨＫの「Venue101」で、ＢｉＳＨとして最後のテレビ出演をしたからだろう。

私は彼らのことを普段思い出す余裕もなく活動してきた。だけど、私の見えてないところでも沢山の人が見ていたんだな。関わってくれていたんだな。惜しむというよりは、9年目に突入するくらいまで頑張ったんだ……そういう達成感の方が強い。あと5日、あと5日、頑張れ。

高崎に向かう新幹線の中で、Yahoo!記事が上がっていたのを見た。そのコメント欄に目を通してみる。きっと私たちをよく知らない人たちがこんなものだろうと想像で言葉を並べている。昔の自分を見ているみたいだった。深く関わらないで、こういうものだと決めつけて分かった気になる。想像の中でしか生きていない。そんなことで損をしていたのは自分自身だった。生身の身体を動かして、一緒に汗をかいて、関わって、現実を見ないと分からないことは、本当に沢山ある。真実を知りたいなら、涼しい部屋で傍観しているだけじゃいけない。汗をかかないといけない。

だけど、全人類に届く歌なんて、賛同をもらう歌なんて、「みんなのうた」で十分だ。ふざけんな。私はそんな風になりたいわけじゃない。そんなグループが東京ドームに立ってたまるか。

一人になったら、こんな嫌な言葉をもっと聞くことがあるのかもしれないな。ただ、そんな雑音に惑わされず、目の前の人にちゃんと自分の言葉で、届けられるものを届ける。そういうことが何より大切なのは知っている。

そして、今日はツアーファイナル。

きみと、あなたと、私たちがいて、それで良いんだ。

今日だって過去になる。解散してからB・i・S・Hを知る人、好きになってくれる人に、私たちが存在していたこと、あなたたちが存在していたこと、一緒にライブを作り上げていたことを見せつけよう。そうできるようにこれからの私がいる。

MCを終える。メンバーの言葉に耳を傾ける。

東京ドームで会えるのが最後なんて、本当に実感がない。

「燃え尽きるのがカッコいいと思うんだよね」ってアイナが言ってた。「そうだね」と言ったけど、内心、アイナはね、アイナはそういう言葉がよく似合う。そう思った。私は、きっと違う終わり方をするかもしれない。

リンリンに、「テレビ出るとき、楽屋に呼んでよ」なんて言われた。嬉しかった。

6月26日

ドームの衣装に合わせるリボンを買いに行った。アンコールの衣装には、白い小花柄のレースのリボンを見つけたから、それを使ってカチューシャを作りたいと思っている。生地屋さんで衣装に合うリボンを選んでいるとき、いつも武器を選んでいるみたいな気分になる。

東京ドームでの一人ずつのMCの大体の内容と、新しい事務所を報告するときの文を、それぞれ異なるマネージャーに確認のため送った。今と未来と過去が混在する、不思議な感覚だ。

「for Never」

6月29日

昨日は東京ドームのホテルに泊まった。20時前には着いて、21時には布団に入る準備をした。明日はB i S Hの集大成のライブだから、もちろん万全の状態で出たい。だけど、どんなに気を紛らわせようとしても、色んなことが脳裏をよぎって眠れない。東京ドームには、スターが立つと思っていた。私は今、そんな存在になれているのだろうか。

結局、眠ったのは4時前だった。6時半過ぎに起きて、7時過ぎの集合時間に合わせて荷物をまとめた。メンタルに負けて、少ししか眠れなかった。今日は大丈夫だろうか。自分に対し苛立《いらだ》ちながら、ホテルから東京ドームへの裏動線をスタスタと歩いていく。楽屋までの動線の途中、ドームを横目に見る。まだ、実感が湧かない。清掃員のいないそこはただの空洞のドームだった。

18時。天邪鬼担当として、舌を出して片目に人差し指を置いて、あっかんべーのポーズをして、アユニとハシヤスメの間のリフターに登った。1曲目の『B i S H-星が瞬く夜に-』のリンリンの「誰でも〜」のパートでアイナと社交ダンスの振りをするとき目が合った。言葉にできない今までの募った想いが溢れてきて泣きそうになった。我に返ると、サイリウムで埋め尽くされているドームの風景に圧倒されそうになる。

寝てなくても、自信がなくても、カッコ悪くても、震えていても、それでもやると決めたことはやるんだ。立たないといけないステージがある。そのために生きていた。振り返ってみても、Ｂ・ｉＳＨの活動はずっとそうだった。何者にもならなくていい、私は私しかいない。みんな、そんな何者でもない私を、私たちを見に来ているんだ。そう思うと、この空間を楽しんでやろうという気持ちになった。弱い心を捨てて、覚悟を決めようと思った。私たちは今、みんなの夢なんだ。

５曲目の『FOR HiM』のＤメロの高音部分、やっぱりうまくいかなかった。それでも、最後の力を振り絞ってその声にしがみついた。きれいじゃない声が出た。下手だと思った人もいるはずだ。だけど、いい。これが私だ。唯一無二の、私だ。怯んじゃいけないんだ。そうやって、ステージに踏みしめた足を確かめる。

アンコールの『オーケストラ』の後の一人ひとりのＭＣは、長くなり過ぎないように、一人２分と決められていた。あらかじめ内容も用意してあったし、しっかり言えるように覚えていた。だけど、ドームに立って、用意していたものとは別に話したい言葉が湧き出てきた。

「Ｂ・ｉＳＨに入って沢山ライブをしてきました。最後まで走り回って、汗まみれで、ドロドロで、でもこれが生きるっていうことなんだろうと思います。それをＢ・ｉＳＨから教わりました。カッコ悪くても、弱くても、それでも強がってモモコグミカンパニーとしてステージに立てたのは、あなたがいたからです。あなたに出会えたこと、Ｂ・ｉＳＨをやり切ったことは、生涯の誇りです。何にもなかった私がみんなと東京ドームに立てました。最高にパンクな人生を、ありがとうございました！」

話している最中、涙が溢れた。ステージの上で涙を流したのは初めてだった。いや、本当は涙が出ていたのかなんて自分では分からなかった。だけど、あとから聞くと私はやっぱり泣いていたみたいだった。

ずっと続いていた長い長い夢が終わるような感覚だった。だけどそれは現実だから、最高にパンクだった。

ダブルアンコールの『Bye-Bye Show』が終わった後、リフターに乗って、だんだん視界が下がっていった。お客さんが見えている間、せめて少しは笑っていようと思ったけれど何故かうまくいかなかった。完全にリフターが下がりきり、ステージ下でリフターから降りる。第一声は、「やり切った」だった。やり切った。私はＢｉＳＨをやり尽くした。最後の瞬間まで。そんな達成感があった。

終演後、最前のお客さん何人かと話す時間があった。みんな声をからしていた。５万人のお客さんの中で、清掃員人生を全力でやり切った人は沢山いるはずだ。全力でぶつかってきてくれていた。歴史に刻み込まれる最高なＢｉＳＨのライブだった。

夢から醒めたあとで

人は皆、常に終わりに向かって今を生きている。私は、解散で〝終わり〟を意識し始めたが、〝解散〟という分かりやすいものがなかったとしても、明日、次の瞬間、何かが終わることとなんてあるし、未来は誰にも予想できない。終わることは、始まるのと同じくらい日常的、また価値のあることだと思う。

解散を告げられた日、終わりまでの出来事や感情をただ残したい一心で、日々を書き記すことに決めた。それから事あるごとにこのノートに出来事とその時の心境を綴《つづ》っていった。特に最後の一年は、どれだけ疲れていても、眠くても、2作目の小説と並行し自分に鞭を打ちながらこのノートに書き留めていった。この貴重な経験を目の前の忙しさに塗《まみ》れて忘れてしまいたくなかった。

書いている最中、一本の映画に出ながら、そのシーンごとに傍観者として批評をする自分もいた。

そこまで思いつめなくても……。それが、解散後に改めてこの日々を読み返して感じたことだ。自分で言うのもなんだが、私はBiSHの活動にものすごく誠実に向き合っていた。実際、私がここまで考えなくても、向き合わなくても、時は進んだだろうし、東京ドームは埋まったかもしれない。いや、きっとそうだっただろう。

私は、冗談抜きで、本当に普通の人間だったし、ど素人だった。本当に。でも、今は違う。自分の足で、BiSHのモモコグミカンパニーとして歩んできたこの日々があるからだ。

昔から夢見がちな性格だった。そして、自分には、運とか、一握りの才能とか、神秘的で不思議な何かがある。そんな風に思っていた。たぶん、思っていたかった。私の人生に、私という人間に、特に根拠もなく期待をしていた。夢見がちなまま、BiSHに入り、その後も幸いにもガムシャラで周りが見えていないまま、夢から醒めないまま、突っ走ってきた。もちろん、夢なんて言えるような、ふわふわした8年じゃない。苦しくて、つらくて、どうしようもなくて、でも、楽しくて。そんな歳月を過ごしてきた。それでよかったのだと思う。だからこそ、お客さんもそんな私を見て応援してくれたのだろう。

でも、BiSHの終わりがはっきりと分かってから、今度はこのふわふわとした幻想とやらに私は苦しめられるようになった。終わりが近づくにつれ、夢から醒めるような副作用から肌がボコボコになったり、眠れなくなったりもした。本当の意味で焦燥感に駆られ、不安に苛まれていた。

しかしある日、そんなもやもやとした幻想がパッと弾けるような感覚があった。

夢を見ることは苦しい、だけど、人生は私が考えているよりも難しくはない。やったことがやった分だけ、苦しんだことが苦しんだ分だけ、努力したことが努力した分だけ、自分のものになる。

それが、B・iSHでの歩みで痛いほど教えられたことだった。

これまでの日々は、夢なんかじゃない。ちゃんと私は生きていて、歩いてきたじゃないか。これからもそうしていけばいい。そのことに、終わりに向き合い続けたことでやっと気がついたのだ。

夢想家でいるよりも、不安を少しでもなくすために自分の足で歩く。叶う。そう決める。叶わないかもしれない。それでもいい。歩いていればどこかに行ける。手を伸ばす。叶うか、叶わないか、そんな風に考えているから、ずっとずっと怖いままだ。

臆病なら臆病なりに、その一歩を人よりももっと確実に踏みしめていこう。

そう。胸を張って大きな声を出す。その分だけ、私の足跡も濃いものになる。怖かったら、怖いと叫べばいい、それが生きているということだ。

ノートの中に、何度も歌の話が出てくる。実際私が歌を褒められることはたまにしかなかったし、自分の歌に満足することもほとんどなかった。

私は今まで、自分の中の不安や悲しみ、怒りを原動力に歌ってきたと思う。それは届くときもあれば、届かないこともあった。後者の方が多かったかもしれない。

原動力としていた不安や怒りはときに、私自身に大きくのしかかった。歌うときに足がステージ上で震えて、うまく声が出ない。そんな自分を責めることもあった。

だけど、今までずっとステージに支えられていた。体調がすぐれないときも気分の悪いときも、きっとそうだったんだと思う。

濃厚だった日々、関わってくださった皆様、支えてくれていた人々、その全てに愛を込めて。

モモコグミカンパニー

本書は書き下ろしです

文中歌詞掲載曲
「IDOL」(作詞:竜宮寺育、作曲:松隈ケンタ)
「I'm waiting for my dawn」(作詞:セントチヒロ・チッチ、作曲:松隈ケンタ、編曲:SCRAMBLES)
「FiNAL SHiTS」(作詞:松隈ケンタ・JxSxK、作曲:松隈ケンタ、編曲:SCRAMBLES)
「FiNAL DANCE」(作詞:BiS、作曲:松隈ケンタ、編曲:松隈ケンタ)
「プロミスザスター」(作詞:松隈ケンタ・JxSxK、作曲:松隈ケンタ、編曲:SCRAMBLES)
「beautifulさ」(作詞:リンリン、作曲:松隈ケンタ、編曲:田仲圭太)
「starrrrrrr」(作詞:川上洋平、作曲:川上洋平)
「BiSH-星が瞬く夜に-」(作詞:BiSH・JxSxK・松隈ケンタ、作曲:松隈ケンタ、編曲:松隈ケンタ)

表紙歌詞掲載曲
「Bye-Bye Show」
(WORDS / MUSIC / ARRANGEMENT:Kazuya Yoshii)
NexTone 許諾番号 PB000054549 号

モモコグミカンパニー

9月4日生まれ、東京都出身。ICU（国際基督教大学）卒業。2015年3月に結成され、高い人気を誇りながら23年6月の東京ドームライブを最後に解散したガールズグループBiSHのメンバーとして活躍。メンバー最多の17曲を作詞。作家としては小説『御伽の国のみくる』、『悪魔のコーラス』（ともに河出書房新社）、エッセイ2冊を上梓。23年9月から音楽プロジェクト（momo）を始動するなど、幅広い活動を続けている。

解《かい》散《さん》ノート

二〇二四年二月十四日　第一刷発行
二〇二四年三月　五　日　第二刷発行

著　者　モモコグミカンパニー
発行者　大松芳男
発行所　株式会社　文藝春秋
〒一〇二-八〇〇八
東京都千代田区紀尾井町三番二十三号
電話　〇三-三二六五-一二一一
印刷所　TOPPAN
製本所　加藤製本
組　版　明昌堂

ISBN978-4-16-391804-4